JN408995

바람처럼 풀꽃처럼

바람처럼 풀꽃처럼

최 병 영 시 · 수필집

도서출판 천우

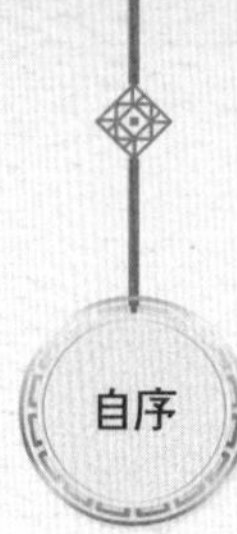

自序 꽹과리 울음소리

꽹과리가 운다.

무욕으로 태워지는 숨소리가 파르르 깊은 파장으로 일렁인다. 꽹과리의 처연한 울음은 바람 소릴 닮았다. 바람처럼 울다가 바람처럼 그친다. 바람처럼 다가왔다가 바람처럼 사라진다. 바람처럼 살다가 바람처럼 죽는다.

탄생의 희열이 있었다.

일렁이는 도가니 불꽃은 붉은 피 낭자했다. 끊임없이 들이치는 망치질은 혹독했다. 일렁이는 불꽃은 사위어가는 검붉은 진혼곡이었다. 두들길수록 강고해지려 혼을 살라 불춤 추었다. 극한적인 고통과 아픔이 하늘하늘 꽃가루로 날렸다. 금줄 걷고 일어나 순결한 태동의 울음소리로 세상을 열었다. 어둑한 거푸집에서 태어나 광기에 찬 불춤으로 울먹여온 세월이었다.

울음의 진원지는 서재이다.

내 서재는 죽은 꽹과리의 무덤이다. 선반 가득 죽은 꽹과리들이 누워있다. 영혼 불멸과 부활을 믿은 고대인의 절벽 석굴 무덤처럼 죽은 꽹과리들이 허공에 무덤을 파고 혼으로 운다. 죽은 꽹과리들이 서재에서 미라가 되어 마른 목으로 곡을 한다. 나는 매 순간 그런 울음소리를 무형의 감각으로 듣는다.

꽹과리가 운명하는 순간을 안다.

꽹과리는 죽음의 자리에 빈자(貧者)의 가슴으로 선다. 꽹과리 소리가 더할 수 없이 미려해지면 주검이 임박했다는 종언(終焉)이다. 그렇게 가장 아름다운 목청으로 질퍽하게 소리를 내지르다가 한순간에 맥을 놓는다. 그리고 이내 무거워진다. 몹시도 무거워진다.

오늘도 주검이 있었다.

나는 오늘 또 하나의 주검과 직면했다. 공연마당을 휘돌 때 주검의 소리가 들려왔다. 나는 주검의 소리를 끙끙 짊어지고 굿판의 종결점을 향해 마구 달렸다. 아팠다. 몹시 아팠다. 오늘, 내 서재에는 의식(儀式)처럼 또 하나의 주검이 놓일 것이다.

울음은 과정이고 주검은 종결이다.

사십여 년 세월, 그들은 윤기 어린 삶이고 생활이었다. 나로 인해 무수한 질곡(桎梏)의 주검들이 있었지만, 나는 아직 그들을 보내지 못하고 있다. 그저 멀거니 지평의 끝단에서 붉은 가슴앓이로 제 몸 삭여온 쇳물을 애도할 뿐이다.

또 하나의 꽹과리가 죽은 오늘,

나는 부끄러운 이 책의 넋두리 한 토막을 그들의 영전에 바친다.

2020년 9월, 보슬비 내리는 날에

序詩

바람처럼 풀꽃처럼

바람은 풀꽃으로 쓰는 서사시이다

태고의 지평에서 발원하여
개방된 질곡의 균열을 봉합하고
산 넘고 물 건너며
연초록 풀 내음 함뿍 젖어 달려왔다
연줄처럼 팽팽한 허공에 무형의 길을 내고
육탈하여 점점 등허리 휘어지는 세상을
수밀도(水蜜桃) 과즙 빨아대듯 살아왔다

언제나 삶의 무게는
물에 함빡 젖은 소금의 질량(質量)이었다
내 숨은 가라앉을수록 무거워졌고
알싸하게 짜질수록 싱겁게 녹여낼 수 없었다
세사에 시달려 굽어지고 마른 가지가
달빛 한 줌 앉아도 부러질 듯
잠깐 머무는 눈길에 휘어져 낭창거렸다

풀꽃은 바람으로 쓰는 서정시이다

한적하고 외진 길섶에 돋아나
대궁마다 색색으로 꽃등 매달고
현(絃)의 음계로 노래하는 바람의 악기여라

풀벌레 울음소리 음표로 그득해질 때
가만히 내려온 산빛이 새색시처럼 수줍어지고
풀꽃 한 송이가 온 세상 탯줄을 흥건히 적신다

바람길에 애잔히 피어나는 온유한 잎맥
무르익어 물컹이는 적막의 휘장 두르고
우묵한 생의 한 귀퉁이에 정물화처럼 걸린다
잔잔하고 겸허하기에 더욱 앙증맞고
욕망을 비웠기에 더더욱 청초한 향으로
표백되어 순연한 은빛 꿈의 나랠 펼친다

살아오고 살아가며
덧나고 잇대어진 고랑 깊은 상흔(傷痕)
키질하는 진눈깨비 이겨낸 바람과 풀꽃이
노을의 붉은 댕기 매듭지어 생채기 싸매며
그윽이 얼싸안고 어룽대는 춤사위로
황혼녘 군자란처럼 벌겋게 열꽃 피운다.

제4부 실존과 성찰, 그리고 무상

제5부 진동의 숨결, 그리고 전율

● **해설**

제1부

세월, 그 응축과 확산의 음표

바람결에 휘청거리는 억새가
삶의 질곡에서 목젖 휘도록 고개 젖히고 피안의 세계를 응시한다.
숨결 가녀린 순백의 영혼이 고뇌에 찬 깃을 접고 오열한다.
쇠락한 세월의 잔상(殘像)이 돌아서서 하현달처럼 등을 굽힌다.

이젠, 잊은 줄 알았다. 그래서 완전히 잊힌 줄 알았다. 오랜 날 그토록 망각하려 몸부림쳤기에 이젠 완전히 지워진 줄 알았다.
바닷가 단청 없이 퇴락한 사찰의 오솔길, 홀연히 눈발이 날리기 시작했다. 바다에 부록처럼 떠 있는 올망졸망한 섬들이 눈발 사이로 아릿하게 다가섰다. 가뭇한 섬들이 자꾸만 몸을 뒤척이고 있었다.
거기서, 가슴 깊숙이 숨겨졌던 그림자 하나 오솔길로 뛰쳐나와 아리게 눈물짓고 있었다. 그림자의 긴 머리칼이 올올이 바람에 흩날리고 있었다. 겹겹의 바람 소리 여민 수묵화처럼 섬들이 파열된 성음으로 소릴 내지르고, 사선(斜線)으로 날리는 눈발에 바다는 더욱 깊숙이 웅숭그렸다.
언젠가, 그녀 떠나던 그 날처럼 눈이 내린다. 눈 덮인 오솔길이 자꾸만 어깨를 들썩인다. 눈발에 젖은 파도가 하염없이 울먹인다. 처연하다.

첫째 마루

달력

새 달력을 건다. 한 해가 부식되어 스러지고 또 다른 한 해가 찬연히 솟구친다. 보신각 종소리가 파문으로 번지자 벽면에서 낯익으면서도 생경한 숫자들이 날개를 편다. 금세 부화한 아라비아 숫자의 행렬이 등줄기를 곧추세운다. 달력에서 비릿하고 짭조름한 소금 내가 풍긴다. 등 푸른 숫자마다에서 먼바다의 거친 파랑이 물결친다. 바다에서 잉태되었기 때문이리라. 바다처럼 살아가야 하기 때문이리라. 태양은 천체가 그어놓은 시간의 구획을 따라 빛살 문양을 조각하다 먼바다에서 그렇게 수몰되고, 또 그렇게 돋아났다.

숫자는 맹렬한 불꽃이었다. 숫자는 화염처럼 한순간에 치열히 피어올라 하루를 온전히 사르고 한 줌의 재가 되어 사라졌다. 장렬히 열반(涅槃)하는 숫자에서 결코 사리는 발견되지 않았다. 숫자는 스쳐 가는 바람이었다. 숫자는 벽면에 착상되어 존재하다 순식간에 바람에 날려 사라지는 세월의 잔상(殘像)이었다. 건장하고 싱싱하던 열두 장이 서서히 남루해지며 낱장으로 뜯겨나갈수록 등허리에 얹힌 짐은 솜뭉치처럼 무거워졌다. 내 아비가 끙끙대며 짊어졌던 짐이었다. 내 아비의 아비가 끙끙대며 짊어졌던 짐이었다. 숫자는 힘겹고 험난한 질곡의 역사를 천형(天刑)처럼 짊어졌다. 숫자는 바람결에 닳아 퇴화하면서 점점 난삽한 품성으로 변질돼갔다. 올해도 달력은 그런 숫자를 버겁게 품어 안고 태양과 달이 산란하는 질퍽한 삶의 늪을 모질게 헤쳐나갈 것이다.

한때는 무척이도 숫자가 두렵고 무서웠다. 국방색 제복을 입었던 시절, 철모에다 빼곡히 달력의 숫자를 퍼 담았다. 소위 계급장을 달기 위해서 날만 새면 뛰고 오르고 넘고 뒹구는 게 일과였다. 극도로 몸을 써야 하는 원시적 훈련에 머리의 기능은 그다지 중요하지 않았다. 그때, 하루는 참으로 모질고도 질겼다. 이글거리는 태양은 순간의 방심도 없이 첨예하게 화살이 되어 내려꽂혔다. 목을 늘어뜨리고 애타게 기다리다 땅거미 질 무렵이 되면 가위표로 숫자 하나를 잘라냈다. 그렇게 원기 왕성한 하루의 일정표를 제거할 때마다 점차 충만한 희열이 팽창해 갔다. 생의 저변에서 지워지는 숫자의 부피가 철모 안에 켜켜이 쌓일수록 일과를 수행하는 발걸음에는 생기가 돌았다. 인위적으로 지워지는 숫자는 열락(悅樂)의 지평을 열고 환희로 부활했다.

분필을 먹고 살 즈음에는 숫자에 집착할 여력이 없었다. 망연히 새벽 별빛으로 어둑한 길을 비추며 출근하고, 심야의 별빛으로 또 그렇게 어둑한 길을 비추며 퇴근했다. 촘촘히 늘어뜨린 오디 빛 어둠 속에서 별빛은 빛날수록 차가웠다. 별빛이 차가울수록 보듬어야 할 일상의 노역(勞役)도 버거웠다.

눈뜨자마자 똑바로 정면만을 응시하며 전력으로 달려야 하는 시기였다. 직업으로 담당한 아이들의 상급 학교 진학을 위해 모든 역량을 결집하고 개인 영역의 안락은 유보해야 했다. 그렇게 생의 중심부를 모아 마디마디 잘게 토막 치며 삶의 문양을 새겨갔다. 토막 난 문양을 화선지에 펼치고 단색으로 덧칠할 때마다 하루하루의 일상은 자꾸만 오지그릇처럼 옹색해져 갔다. 옹색한 일상의 살결에 자아는 존재하지 않았다. 그때 나는 존재하면서 존재하지 않았다.

달력

바람이 숫자의 행간을 훑고 간다
벽면에서 탈골한 숫자들이 모로 쓰러지고
여백을 흥건히 적시며 흘러내린 선홍색 열꽃이
온몸에 번진 홍역을 덮친다

달력을 떼고 달력을 건다
달력과 달력 틈바귀가 벌어진다
돌아서는 한 해가 가뭇하고
다가서는 한 해가 자욱하다
퇴락한 회한의 상념이 이음새에서 삐걱대고
침식된 잿빛 애증이 서릿발로 날을 세운다

숫자는 단절된 행적의 피 울음이었다.
숫자는 조락(凋落)한 생의 파열음이었다
숫자는 빙의(憑依)된 삶의 아우성이었다
숫자는 절름거리는 일상의 소용돌이였다

새 달력을 건다
온몸으로 앞섶까지 짓무른 일상을 걸지만
이제, 거기에 자줏빛 마음까지 걸진 않는다
다시 한 해가 스러지고 새로이 돋아날 때
분명 빈손일 것임을 알기에.

새 달력의 갈피를 열어 붉고 푸른 숫자 두어 개를 챙긴다. 챙긴 숫자를 앞섶 깊숙이 품어 안고 바람 따라 길을 나선다. 바람은 결코 길을 묻지 않는다. 그러기에 방향도 속도도 예측할 수 없다. 종종걸음으로 바삐 바람의 길을 따라가며 주위에 널브러진 단상(斷想)들을 줍는다. 동화로 아름답게 채색한 유년기의 꿈을 줍는다. 융합보다 독단이 심했던 사춘기의 고뇌를 줍는다. 사유보다 실행이 절실했던 성년기의 갈등을 줍는다. 그리고 일출보다 일몰이 더 절절한 오늘의 회한을 줍는다. 그것들이 정연히 한 폭 수묵화로 채색된다. 세사의 마찰에 수묵화의 채도가 점점 묽어진다. 색채의 밀도가 묽어진 화판(畵板) 위로 한 줄기 바람이 스친다. 떫고 쓴 바람 소리가 긴 파장으로 물결치며 성찰로 흔들린다.

돌아보면 살아온 날들은 온통 부끄럼이다. 어린 날과 학창 시절, 청년기를 거쳐 이른 장년기가 그렇다. 그리고 도전이나 창조보다 갈무리에 집착해야 하는 오늘날, 거울 앞에 선 자아상이 그렇다. 그 부끄러움은 앞으로 살아가야 할 남은 날들에서도 주된 생의 중심부에 자리할 것이다. 그런 부끄러움이 더욱 자신을 부끄럽게 한다. 달력 모퉁이에서 연신 몇 개의 검은 만장이 펄럭인다.

이제, 새 달력에는 좀 더 하얀 여백을 담아야겠다. 해마다 조밀히 새겨 넣던 동그라미와 조악한 메모를 비우고 숫자의 혈관을 순백의 여백으로 채워야겠다. 백자와 동양화의 여유로운 공간이 지니는 여백의 미를 창출하여 느긋이 주위를 돌아보아야겠다. 여백은 능동적 행위로 구현하는 안락이고 여유이고 휴식이며 역설적인 적극 실행 의지이다. 여백을 창출한 후에 찬찬히, 아주 찬찬히 달력에 박힌 숫자를 응시해야겠다. 달력에 박힌 숫자는 늘 나보다 투명하다.

새해, 그 언저리에서

그것은 일종의 소멸이다
살아간다는 것
동녘 하늘 한쪽 비집고 들어
존재의 의미에 검붉게 밑줄 긋는다는 것
시들어가는 불빛 한 점 채화하여
이완된 어제와 오늘 사이에 징검다리 놓고
자욱이 안개 낀 길목 지켜 서서
내일은 좀 더 창대하길 염원한다는 것

굴비처럼 다닥다닥 엮인 시간의 척추는
사위어갈수록 수직으로 흔들린다
벽면에 빼곡히 박힌 채 명멸하는
군락(群落)의 비탄 들으며
진종일 야시장 건어물처럼 빈혈에 시달린다
숫자들이 외짝 더듬이 잃고
껍데기로 모여 서서
축제처럼 마구 진화의 춤을 추어댄다

오늘은 숫자 품어 안고 신나게 춤이나 추고프다.

둘째 마루

고향

야트막한 산자락에 산들산들 솔바람 불어온다. 고요와 안식이 고즈넉이 똬리를 틀고 앉은 평온한 오후, 한 줄금 바람결에 실려 기적 소리 들려온다. 검은 연기 내뿜으며 언덕배기 오르는 증기기관차의 가쁜 숨소리이다. 두 줄기 평행으로 이어지는 궤적을 달려가며 기적 울리는 아버지 모습이 비친다. 아버지는 무시로 호남선 기차 끌고 궤도를 달렸다. 선로에서 전쟁을 만났고 무차별 폭격 중에 휴전을 맞았다. 환영(幻影)으로 기적 소리 따라가며 야산 끝머리에 붙박이처럼 덩그러니 박힌 고향을 바라본다. 거기서 흐릿하고 애잔한 추억의 동화들이 와락 안겨든다.

고향은 코뚜레와 같은 것이다. 코뚜레는 의도적으로 전도(顚倒)된 복종이고 조종이며 강요이다. 결코 탈피할 수 없는 관념의 철칙이기도 하다. 부지불식간에 물푸레나무가 방황하는 의식의 고삐를 당겨 고향 녘 정자나무에 잡아맨다. 고삐에서 아련히 워낭 소리 들려온다. 냇가에서 소 풀 뜯기며 버들피리 불던 날들이 선연히 부각되어 온다. 버들피리 불다 심심해지면 잠자리도 잡고 냇물에 뛰어들어 멱을 감기도 했다. 서녘에서 붉게 타드는 노을 한 자락 친친 허리에 감고 돌아오다 밭둑에서 콩서리를 해 먹기도 했다. 유년의 뜰은 그런 잔잔하고 애틋한 소품들로 푸짐했다.

고향은 멍에와도 같은 것이다. 멍에는 수레와 쟁기를 끌기 위해 존재하는 인위적 도구이다. 멍에는 쉽게 벗겨낼 수 없는 강압적 구속이고 억압이며 명령이다. 이는 복종을 최대가치로 설정하는 굴레이기도 하다. 멍에에 관용과 이해와 존중은 없다. 멍에는 절대적 권위이며 불가침의 성역이다.

고향에서 목덜미에 묵직한 멍에를 쓰고 묵묵히 수레 끌던 황소가 떠오른다. 수레에는 산더미처럼 넘치도록 노랗게 익은 벼가 쓰러질 듯 가득 쌓여있었다. 황소는 온몸으로 그 산더미를 끌어야 했다. 조금이라도 망설이거나 힘이 부치면 가차 없이 회초리가 허공을 갈랐다. 얻어맞지 않기 위해서는 자신을 멍에처럼 잔뜩 구부리고 최대한 순종하며 고역을 수행해야 했다. 그것이 황소가 이 생에서 살아가도록 부여받은 숙명적 삶의 행로였다. 황소는 고된 노동에 지쳐 연신 가마솥처럼 거칠게 입김을 뿜어댔다. 차가운 들녘 바람에 뿌연 황소 입김이 언덕배기 오르는 기차 연기처럼 거세게 피어올랐다.

나는 황소였다. 나는 예전 그 황소처럼 무거운 짐을 지고 요철 심한 삶의 지평을 살아야 했다. 멍에는 금단(禁斷)의 위엄과 존엄을 지닌다. 멍에는 인위적으로 탈피할 수 없는 경전(經典)과도 같은 것이다. 이는 시대인의 상징적인 묵시록(默示錄)이며 숙명적인 것이다. 세상은 걸핏하면 내 목덜미에 그때의 황소처럼 멍에를 들씌우고 버거운 수레를 끌게 했다. 수레 길은 몹시도 질척이고 울퉁불퉁했다. 한번 진흙 속에 바퀴가 빠지면 좀처럼 빠져나오기가 어려웠다. 내 발걸음은 무시로 진흙길에서 불규칙적인 보폭으로 흔들렸다.

고향 녘 유년의 뜰에는 아련하게 어린 날 동화적 세계가 펼쳐져 있다. 소소하고 가지런한 소품들이 진열된 동화 세계는 순간의 반추만으로도 나를 즐겁게 한다. 가끔씩 난 그 천진하고 무구한 꿈을 찾아 그곳으로 환상여행을 떠난다.

유년의 뜰

지금도 고향 집 툇마루에선
바닥까지 깊어진 그늘 속으로
태양의 빛살 사선(斜線)으로 꽂히고
유년의 소품들이 바람 한 줄금 둥글게 오려
젖은 시간을 말리고 있으리

그 날의 소소한 행적들이
소쩍새 울음으로 구불구불 길을 놓고
대숲에 이는 바람결 돌돌 말아 굴리며
달랑달랑 워낭소리 따라가고 있으리
자줏빛 노을에 함뿍 젖은 고추잠자리
연분홍 앵초꽃 향기 머금고
내 잠자리 잡던 강에서 멱 감고 있으리

유년의 뜰에 수북하던
딱지와 자치기와 고누는
스스로 바퀴 달고 어디로 굴러갔을까
지금쯤 아마도
가만가만 잠자리 날갯짓 따라가다
서산마루 타드는 노을빛 젖어
냇가에서 퐁당퐁당 물수제비 날리고 있으리.

한때는 눈비 내릴 적마다 서울역에 나갔다. 의식이 감각적으로 작동하기 전에 신발이 먼저 알고 앞장을 섰다. 거기서 강아지처럼 킁킁거리며 호남선의 냄새를 맡았다. 여독에 지친 완행열차가 마구 팽개치는 사람들에게 다가가 고향의 체취를 맡았다. 모내기 무렵 무논에서 울어대던 맹꽁이 소리가 들려왔다. 누런 들녘에 넘실대는 싱그러운 볏잎 부딪는 소리가 들려왔다. 동구 밖 정자나무에서 울어대던 징 소리가 들려왔다. 대숲에서 댓가지 흔들며 사운대는 바람 소리가 들려왔다. 어둠의 화선지에 들어차 반짝이던 초록별과 은하수 흐르는 물결 소리가 들려왔다. 눈비 올 적마다 서울역에 나가 궤도를 달려온 사람들이 풀어놓는 고향의 향기를 맡아댔다. 그때 나는 너무도 그런 냄새에 허기져 있었다.

점차, 고향은 고분(古墳)에서 풍기는 퀴퀴한 냄새처럼 음울한 것임을 깨닫게 됐다. 눈비 오는 날의 고향은 더더욱 눅눅하고 칙칙한 것이었다. 도시 생활로 쌓이는 행적이 두툼해지면서 고향에 대한 갈증은 점차 해갈되어갔다. 도시가 층층이 수직으로 쌓이면서 수평적인 고향은 낱장으로 뜯겨지며 얄팍해져 갔다. 점차, 고향은 객지가 되고 스스럼없이 객지 자리에 고향이 들어섰다. 그때쯤에 이르러 나는 아무리 눈비 내려도 서울역에 나가지 않았다. 서울역은 나에게서 비로소 그냥 통상적인 서울역이 되었다.

그 와중에도 내 어린 날의 청순하고 순결한 추억이 잔존하는 시골 역은 그리움의 주체로 자리했다. 시골 역은 늘 아늑하고 포근한 실루엣으로 채색되어 곤궁한 내 정서를 지배했다. 시골 역은 평온하고 안락한 마음의 보금자리였다. 어린 날의 포근한 정취가 아련히 서린 시골 역은 잊히지 않는 그리움의 실체였다. 내게 시골 역은 여전히 시골 역이었다.

시골 역

들바람 한 줄기 꿈결처럼
산 너머 기적 소리 몰고 오면
연초록 팔랑이는 그리움이 꽃길 놓는다
산모롱이 돌아들면
지축 흔들듯 하얗게 가쁜 숨 내뿜으며
야생마처럼 달려드는 증기기관차
아버지는 늘 기적에 내 꿈을 싣고 달렸다

쪽빛 하늘 고인 시간 속으로
결 고은 햇살 한 가닥 툭 떨어지면
시골 역 출발한 증기기관차는
바람 젖은 노오란 들국화 꽃망울 흔들며
가뭇한 미지 세계로 달려가고
파릇파릇 내 꿈도 한량없이 바퀴를 좇아갔다

그때쯤에, 탱자나무 가지런한 시골 역에선
역사(驛舍)처럼 늙어버린 역무원이
두 줄기 궤도에 남겨진 침침한 눈망울로
기적의 기인 꼬리 산모롱이로 전송하고
코스모스 하늘거리는 벤치 앉아
조금씩, 아주 조금씩 졸고 있었다.

셋째 마루

억새

굽이진 길가로 방목된 야생의 숨결들이 몰려든다. 가을이 나직이 내려앉은 뒤안길, 억새들이 무리 지어 농익은 춤을 춘다. 스쳐 가는 바람 불러 하얀 손을 흔들며 정성 어린 몸짓으로 떠나는 것들을 전송한다. 서러이 결별하는 억새의 이별 의식이 자못 장중하다.

줄곧 흐느적거리는 춤사위가 쫀득거린다. 때론 굿거리로, 때론 자진모리로 굴곡지고 멍울 선 회한의 응어리를 풀어놓는다. 처연한 남도 육자배기 한 소절이 훨훨 소맷자락 날리는 살풀이춤에 안겨든다. 하얀 머릿결 푼 넋들이 햇살 한 오라기 등에 지고 바람의 숲을 뛰어다닌다. 계속 흔들리지 않으면 쓰러지는 삶이다. 그러기에 쉼 없는 뜀박질로 치열한 삶의 본능을 일으켜 세운다. 바람결에 휘청거리는 억새가 삶의 질곡에서 목젖 휘도록 고개 젖히고 피안의 세계를 응시한다. 숨결 가녀린 순백의 영혼이 고뇌에 찬 깃을 접고 오열한다. 쇠락한 세월의 잔상(殘像)이 돌아서서 하현달처럼 등을 굽힌다.

산비탈에서 억새가 무리 지어 하얀 손을 흔든다. 억새 대궁이 구슬픈 현악 한 곡조 채록하여 바람결에 띄운다. 가을엔 화려한 원색만 아름다운 게 아니다. 억새는 낮은 채도(彩度)에다 저만의 질박한 미적 진수를 예술의 극치로 피워낸다. 산에서 열두 폭 치마를 펼친 해면이 넘실거리며 하얀 파도를 생성한다. 순백의 실올로 직조한 무명 자락이 바람의 날갤 잡고 술렁인다. 억새 숲에서 솜털 송송한 바람의 눈시울이 붉어진다. 억새는 결코 온전치 않은 생의 행간에 종결부호를 찍지 않는다. 끝숨으로 생을 갈무리하고서도 가을엔 다시 하얀 숨결로 부활하여 윤회의 실체적 진실을 보여준다.

쇠잔하지 않는 슬픔은 지울 수 없는 고통을 배양한다. 억새는 끊임없이 떠나는 것들을 전송하기 위해 새로운 악보를 쓴다. 억새의 구슬픈 노래는 하얀 현으로 연주하는 이별의 전송곡이다. 억새는 오선지의 빼곡한 음표를 화음(和音)에 얹어 절창으로 빚어낸다. 오묘한 성음이 산자락에 굽이쳐 메아리로 번져간다. 아련한 음파가 오래도록 긴 여음(餘音)으로 계곡에 물결친다. 억새가 갈맷빛 격랑의 갈피에서 빈궁한 영혼의 뜰에다 조락한 햇덩이 검붉게 뱉어놓는다. 산을 내려올 때까지 지속된 억새의 이별 의식은 장중하고 경건했다. 그곳에서 억새는 진종일 주파수가 같은 하얀 파장으로 울음을 터뜨리고 있었다.

슬픔 한 덩이 베어 물고 무리 지어 출렁이는 억새의 군무는 아리다. 억새는 산기슭에서 떠나가는 것들에 대해 이별을 곱씹어 노래한다. 억새는 이별의 정서를 시리게 노래하는 아카펠라의 성음으로 담아낸다. 억새의 목울대는 늘 오선지에 젖어 촉촉하다. 억새의 노래는 가슴이 아릴수록 골 깊은 농현(弄絃)으로 흐드러진다.

언젠가 꽃상여 타고 망연히 산길을 넘어가던 할미의 마지막 배웅 길에서도 억새는 저랬다. 할미가 가신 길로 산모롱이 넘어가던 엄니의 마지막 길에서도 억새는 저랬다. 몸 비비며 애틋이 살아가던 이들이 떠나갈 때 억새는 늘 바람을 불러 오열(嗚咽)하듯 떨리는 숨결로 자지러졌다. 억새의 춤은 죽음을 전송하는 서러운 몸짓이다. 억새의 노래는 영혼을 전송하는 애절한 상여 소리이다.

꽃상여

휘적휘적
이웃집 마실 가듯 할미가 산을 넘어간다
엄니도 뒤따라 산모롱이를 넘어간다
평생 호미질로 굽은 잔등 펴고
딸랑거리는 요령(搖鈴) 소리 따라간다
남루해진 나이테 척척 몸에 두르고
솔 껍질처럼 쩍쩍 갈라진 마디 굵은 손으로
창호지 한 장에다 꽃등불 밝혀 들고
서산마루에 걸린 노을 한 자락 불러
돌아보고 돌아보며 억새 숲으로 사라진다

순백의 실올로 직조한 무명 자락
억새밭에 허물로 벗어놓고
구슬픈 호곡(號哭) 소리 이끌고 산기슭 넘어간다
세사에 돋은 우수 참빗으로 곱게 빗고
버짐처럼 번진 고된 날들 한없이 되작이다
목이 잠겨 각혈도 못 하고 절룩이며 떠나간다
노을이 재가 되어 식어가는 서녘
바람에 날리는 한 송이 영산홍 꽃빛 안고
종종거려 살아온 그림자 거두어
돌아보며, 돌아보며 억새 숲으로 사라진다.

산비탈을 옆구리에 끼고 마른 강이 굽이돌아 흐른다. 한때는 활기차고 풍성했을 강이 쇠락한 세월처럼 너부러져 주름진 뱃살을 드러낸다. 빗살 문양의 모래톱이 타는 갈증으로 목말라 있다. 푸름을 잃은 강은 부끄러운 치부를 드러내고도 수치심을 의식하지 못할 정도로 극히 쇠잔해졌다. 늙은 어미의 말라버린 젖가슴 같은 강어귀에서 한들거리는 억새의 하얀 꽃술이 무척 이채롭다. 꽃술에 내려앉는 벌의 날갯짓이 음계 낮은 비파(琵琶)음을 튕겨낸다.

이제, 또 한 여인이 풍경처럼 억새 숲으로 사라져 간다. 바람에 날려 찰랑거리는 긴 머리가 억새처럼 물결친다. 바람의 숲에서 봉오리 진 검붉은 울음 한 덩이 팔매질처럼 튕겨져 온다. 참으로 억새에 잘 어울리는 억새 같은 여인이다. 언젠가, 둘이서 백설처럼 하얀 도화지 한 장 펼쳐놓고 새싹을 그렸었다. 나뭇가지에 연초록 움이 돋고 망울망울 꿈이 피어났다. 꿈은 지극한 사랑과 보살핌의 자양분으로 싱그럽게 자라났다. 여인의 화필은 늘 섬세하고 강건했다. 여인이 정성스레 채색하는 유화(油畵)는 꽃빛처럼 아름다웠다.

어느 날, 바람이 세차게 불어왔다. 캔버스가 바람에 흔들렸다. 바람의 손톱이 마구 유화의 채도(彩度)를 할퀴어댔다. 화폭에서 무럭무럭 자라나던 나무의 밑동이 서서히 기울기 시작했다. 나뭇가지에 위태로이 매달려 대롱거리던 이파리가 팔랑팔랑 떨어져 내렸다. 밀밀히 내려앉는 어둠 속에서 억새가 오선지에 음표를 그려 넣고 있었다. 어둠의 질감처럼 오래도록 은은히 여인의 체취가 풍겨왔다. 이제, 억새는 밤새도록 바람의 숲에서 서글픈 음곡을 다채로운 옥타브로 구현해 낼 것이다. 음계마다 한으로 저미는 그 노래는 무척 경건하고도 서러울 것이다. 그리고 누군가는 그 서러움이 너무도 아려 미친 듯 억새 숲을 방황할 것이다.

이별

삐걱대던 틈바귀의 이음새가 조금씩 흔들렸다
긴 머릿결도 물결치며 파장을 일으켰다
딱정이로 아물지 못하는 상처 하나가
깊은 살 속에 바람의 무늬를 새겨 넣고 있었다
억만 년 시간을 멈춰 세운 듯한 억새 숲
거기서, 물안개처럼 아릿한 눈망울로
여인은 이끼 같은 슬픔을 두르고 있었다

종래, 여인이 돌아섰다
그녀가 덧칠하던 유화에서 잎이 떨어졌다
아무리 불러도 살이 닿지 않는 메아리
가풀막진 억새밭에 은가루 같은 정적이 내리고
꽃빛으로 날아오른 꿈결처럼
유화 색채는 어스름 황혼에도 아름다웠다

클래식 한 소절 같은 여인 떠나고
한 생을 건너온 잎맥의 뿌리들이
상처 난 그믐 달빛 한 올 이끌고
바람 소리 굴리며 언덕을 넘어간다
그곳에서, 대궁 하나로 세월을 버티던 억새가
비탈길 내려와 이별을 곱씹으며
소쩍새 울음으로 온 산을 흔들어댄다.

넷째 마루

호밀밭

호밀밭은 검푸른 파도의 안마당이었다. 먼바다 항해하던 파도 한 자락 호밀밭에 밀려와 넘실댔다. 호밀밭에서 낮고도 긴 뱃고동 소리가 들려왔다. 소라껍질에 담긴 바닷새 울음소리도 들려왔다. 해변에서 서걱대며 뒤척이는 조약돌 구르는 소리도 들려왔다. 호밀밭은 소리의 다양한 파장으로 진동 큰 음계(音階)를 짓고 있었다. 오선지에 붉은 볏이 돋고 선율의 음폭이 빗살무늬를 창출했다. 바람에 업혀 온 파도 소리가 초록 치맛자락을 차고 알싸한 성음으로 튀어 올랐다. 진폭 크게 출렁이는 음계의 바다에 돛단배 한 척 화석처럼 정박해 있었다. 빗장 연 고랑에서 밀알처럼 누렇게 익은 햇살 한 가닥이 파닥이고 있었다.

초등학교 가는 길은 온통 호밀밭이었다. 드넓은 밭에서 웃자란 호밀이 수시로 공중에서 내 키를 덮쳐왔다. 호밀은 천성적으로 걸핏하면 드러눕는 습성을 지녔다. 호밀밭의 바람은 유난히 잔가지가 많았다. 언제부턴가, 그 호밀밭에 문둥이가 살고 있다는 풍문이 돌았다. 애기를 잡아먹으려 호밀밭에 숨어있다고 했다. 문둥병은 애기 간을 먹어야 낫기 때문이라고 했다.

호밀밭은 극도로 공포가 발현하는 장소였다. 학교를 오갈 때마다 호밀밭을 지나는 게 엄청난 고통이었다. 동네 아이들은 가급적 여럿이 모여 함께 다니기 시작했다. 나는 축구를 하거나 청소를 하고 뒤늦게 귀가할 때면 사력을 다해 호밀밭을 달음박질쳤다. 숨이 턱에 차서 집에 당도할 즈음이면 온몸이 식은땀으로 후줄근히 젖어있었다.

동네 고샅에서 친구와 어울려 놀던 때이다. 녀석이 측간에서 우리 담임선생님의 엉덩이를 보았다고 자랑했다. 그 시골 학교에선 선생님과 아이들이 같은 변소를 사용했다. 건물이 낡아서 군데군데 외벽의 흙이 떨어져 있었다. 선생님 변소 칸도 보자기만 하게 흙이 떨어졌었다. 흙이 떨어진 곳은 대나무 얼개만 남아 설핏설핏 안이 얼비치고 있었다. 친구 녀석은 그 틈으로 우리 선생님의 엉덩이를 보았다고 자랑했다. 엉덩이가 보름달처럼 둥글고 하얗더라고 했다.

우리 선생님은 연분홍 진달래처럼 아름다운 분이었다. 맘씨 곱고 자상하며 친절했다. 선생님은 반장인 나를 유난히 정겹고 다정하게 대해 주셨다. 나도 녀석처럼 꼭 선생님의 엉덩이를 봐야겠다고 여겼다. 작정하고 이내 학교를 향하여 달음박질치기 시작했다. 호밀은 평소보다 더욱 깊이 드러누우며 술렁댔지만 조금도 무섭지 않았다.

측간은 이미 텅 비어있었다. 몹시 허망했다. 흙이 없는 벽면에 선 발로 엮은 대나무 얼개가 늙은 오후의 햇살을 받아내고 있었다. 산마루에 걸린 선홍색 노을이 빠르게 경사각 아래로 미끄러지고 있었다. 뉘엿뉘엿 해가 기울고 있어 다시 호밀밭을 질러갈 일이 엄청 걱정되었다. 어떻게든 빨리 호밀밭을 통과해야만 했다. 죽기 살기로 뜀박질치는 수밖에 없었다. 금세 호밀밭에 눅눅한 어둠이 무더기로 내려앉고 있었다.

어릴 때 체험한 공포 어린 기억은 지금도 가장 선연히 회억의 앞자리에 진열되어 있다. 무섭기도 하고 그립기도 한 그 추억이 가끔씩 명확한 영상으로 떠올라 나를 어린 날의 한 페이지로 끌어간다.

그믐밤

어스름 그믐밤
보릿고개 넘는 달
가냘피 야위어
호밀밭에 지면

문둥이 쩝쩝
달 먹는 소리
간 떨어진
애기 피 울음소리.

육군 보병학교 전술훈련은 모두 산등성이에서 이루어졌다. 밥 먹으면 관습처럼 산에 오르고 때 되면 또 밥 먹기 위해 관습처럼 산을 내려왔다. 그게 힘겨워 가끔씩은 밥을 포기했다. 훈련 중인 군인이 한 끼니 밥을 포기하는 일은 엄청난 결심의 결과이다. 아무리 먹어도 허기가 찰거머리처럼 달라붙는 시기였다. 그때 겪은 고통과 버거움으로 인해 나는 지금 거의 산행을 하지 않는다.

어느 날, 훈련을 마치고 하산할 때였다. 산자락 입구에서 꽤 넓은 호밀밭을 만났다. 경사면에서 내 키만큼 웃자란 호밀이 군무(群舞)를 추고 있었다. 바람의 숲에서 호밀은 빼어난 무희(舞姬)였다. 세속에 초탈한 선지자처럼 무욕으로 빚는 춤의 경지는 실로 경이로웠다.

호밀밭은 온통 바다의 파도였다. 넘실대는 바다의 교향악이 젖은 날갤 펴고 옷소매 훨훨 날리고 있었다. 종달새가 공중을 오르내리며 깃에 달라붙은 빛살 조각 떼어 둥지를 짓고 있었다. 시간의 여울목에서 바람이 숨소리 죽여 적요(寂寥)를 산란하고 있었다. 호밀밭 끝자락에서 대롱거리는 산집의 키 작은 굴뚝이 저녁연기를 모락모락 피워 올리고 있었다. 어느 산골 아낙이 저녁을 짓고 있는 게 분명했다. 산집 저녁연기가 가슴에 묵향처럼 번지며 무심했던 푸른 추억들이 알알이 살아났다.

몹시 집이 그리웠다. 시골집 정경이 오롯이 망막 가득 들어차 소용돌이쳤다. 울창한 대숲과 감나무와 울 밑 꽃대들이 어우러져 독하게 반란을 획책해댔다. 그로부터 나는 군영이탈도 불사할 만큼 맹렬한 향수의 열병을 앓기 시작했다. 그리움의 감성이 펄펄 들끓으며 우악스레 이성을 억압해왔다. 마음이 허허로운 오늘, 나는 회상의 지평에 서서 그 날의 풍경을 되새김질한다. 호밀이 가슴 한가득 출렁댄다.

호밀밭

슬픔도 환한 빛이 되고
그늘마저 눈부신 꽃 들판이던 시절
내 가슴속엔 늘 한 소쿠리 맑은 바람 가득했다
맨날, 바다가 호밀을 목마 태우고
밭고랑에서 장중한 교향악을 연주해댔다

득도(得道)한 전설 하나가
달 숨소리로 조락한 계절의 애상을 조각하고 있었다
호밀을 쓸어가던 바람이 경계에서 머뭇거리고
떠밀려온 세월은 제풀에 퇴화하기 시작했다
아직 관절 꼿꼿한 시간의 부록들이
헐거워진 생의 주기에 맞춰 치자 빛 노을로 내리고
내 유년의 한 마디를 온통 적시던 호밀밭은
스스로 경건한 불가침의 성역이 되었다

살아온 날들의 부피가 허공으로 빠져나가고
추억에 잘 절여진 바람 한 줄기
꿈틀대는 경전(經典) 한 구절 소지하고
호밀밭 넘나들며
누렇게 잘 익은 그리움을 채집하고 있었다.

다섯째 마루

염전

건들건들 갯바람이 불어온다. 갯고랑을 타고 넘은 한 줄기 바람이 성큼성큼 포구로 다가든다. 서해 갯물에 젖은 바닷바람이 연이어 선창에 훌훌 갯내를 털어댄다. 파도에 젖은 푸른 바람은 갯벌에 이르러 거무스름한 진흙바람이 된다. 갯바람을 따라 바둑판 모양의 염전에 바닷물이 든다. 염전에 연하여 일정한 간격으로 늘어선 소금창고의 행렬이 매우 도식적이다. 전쟁 통의 판잣집을 연상시키는 소금창고는 오랜 세월의 더께를 쓰고 갯벌처럼 거무튀튀하게 갈앉아 있다. 소금창고를 따라 능청능청 늘어진 전깃줄이 퇴락한 창고와 어우러져 기이한 감성을 일으킨다.

신새벽, 사위는 아직 갯벌처럼 칙칙하다. 애써 잠을 떨쳐낸 갯벌이 무거운 몸을 일으킨다. 갯벌은 바닷사람들이 삶을 일구는 바다의 텃밭이다. 갯벌에서 삶을 가꾸는 사람들, 그들은 바다가 허락할 때만 바다에 들어선다. 바다에서 겸허히 바다가 내주는 양식에 만족한다. 갯벌은 사람을 차별하지 않고 저마다 노력한 만큼씩 대가를 베푼다. 바다는 언제나 바닷사람에게 진솔하다.

여명이 썰물 든 바다를 찬찬히 더듬어간다. 간밤에 바람이 한바탕 목 놓아 울고 간 바다에서 염전이 어렴풋이 제 모습을 드러낸다. 염부는 여느 날처럼 염전에 든 바닷물을 고무래로 끌어 결정체를 만들어간다. 염부가 쉼 없이 고무래로 되작이는 것은 염분이 아니라 어쩌면 그가 살아온 세월의 아픈 조각들인지도 모른다. 염부의 굵은 땀방울이 흥건히 적삼을 적시고야 비로소 파도 등성이에서 붉은 해가 솟구친다. 태양의 촘촘한 광선들이 화살처럼 염전에 꽂힌다. 염부의 가지런한 고무래질에 바닷물이 증발되면서 염전은 점점 더 짜져간다. 소금물과 싸우는 일은 염부가 세상에 존재하기 위해 걸머진 숙명적인 삶의 멍에이기도 하다.

한낮을 비켰지만 뙤약볕이 강렬하다. 염부의 고무래질에 따라 소금밭이 눈부시도록 새하얀 결정을 빚어낸다. 소금은 칙칙한 갯벌과 대조되어 경건하리만치 청정한 제 모습을 드러낸다. 소금은 바닷물과 햇볕, 그리고 염부의 땀이 빚은 가장 빛나는 결정체이다. 소금은 인간이 자연을 소재로 만들어낸 가장 순수하고 아름다운 보석이다. 그토록 허름하고 퇴락한 공간에서 그토록 백설같이 새하얀 소금이 만들어질 수 있다는 게 경이롭다.

천일염은 바다가 염부에게 선사하는 가장 고결하고 가치 있는 자연의 선물이다. 염부는 천일염을 생산하기 위해 온종일 염전을 쳇바퀴처럼 맴돈다. 질 좋고 입자 고운 천일염을 얻기 위해 염부는 바다에 온갖 정성을 쏟아붓는다. 염부의 고무래질은 쉼 없이 삶의 둔덕을 긁어댄다. 소금물과 싸우는 일은 염부가 세상에 존재하기 위해 걸머진 생의 멍에이기도 하다. 소금은 염부가 오랜 날 바다에 나가 세월로 빚어 만든 삶의 알갱이다. 각고의 노력 끝에 얻은 눈물겨운 결과물이다. 그러기에 소금은 염부에게 있어 지독한 설움덩이기도 하다. 바다에서 허리 꼬부라져가며 쉽게 살아온 삶의 징표인 것이다. 염부는 연신 설움덩이를 긁어모아 햇빛 속으로 밀어 넣는다. 햇빛에 반사되는 바다의 연골이 눈부신 광채를 발산한다. 황홀하다.

염부(鹽夫)

신새벽 어둠 헤쳐 하늘을 열고
파도 소리 한 자락 갯바람으로 끌어와
거무튀튀한 벌판에 펼쳐놓으며
아프게 절여진 깊고 오랜 숨결과 만난다
서서히 비늘을 벗고 있는 물의 테두리
폐선 바닥에 잔뜩 웅크리고 있던
도요새가 배설한 하얀 얼룩들
칙칙한 갯벌에 울음의 타래가 고이고
아득한 흑백사진처럼 그 날이 그려졌으리라

염전에 쌓이는 것은 모두 다 슬픔이다
소금밭 사이 경계를 맨발로 걷는
저 오랏줄 같은 바람 소리
한 줌 햇빛의 알갱이 긁어모아
수차 돌리듯 끊임없이 생을 굴리는
저 검은 뺄의 남루한 등짝들
늙은 염부 앙금을 땀방울로 걸러내
나신(裸身)으로 승천하는 하얀 눈물 꽃
쪽빛 파랑에 젖은 순수의 절정이 서럽다

해풍에 할퀸 갯벌이 수평을 끌어당기고
한 올의 빛도 닿지 않는 상념 속을

오선지 같은 노을이 출렁이며 걸어간다
몇천 년 숨죽이며 울렁이던
물의 내장이 와르르 쏟아지고
황새기 젓갈처럼 곰삭은 하루는
퍼렇게 멍든 파도 소리 긁어모아
덧난 상처투성이 일과표를 작성한다

바다가 널뛰는 물결 다독여 품어 안자
한생 동안 닳아온 곡절 많은 시간들이
소금밭에 전설처럼 바람을 쌓고
거기서, 염부는 망연히 갯벌처럼 퇴적되어간다.

평생에 걸쳐 염전밖에 모르고 살아온 외골수 생의 모습이다. 가장 단순하면서도 가장 진솔하며 눈물겨운 삶의 현장이다. 그러기에 염부를 할퀴는 갯벌의 바람은 언제나 거칠고 드세며 매섭다. 염부는 일생을 그랬듯이 바다와 바람과 햇빛을 벗하여 자신의 삶을 구축해왔다. 그것은 염부가 버겁게 짊어지고 가는 필연적 생의 행로이기도 하다. 순결한 은빛덩이는 무한한 땀과 고통으로 거두는 희열과 보람의 결실이다. 한 줌 소금 알갱이는 지독히 짠 염부의 눈물이다.

어느덧, 저녁 해가 뉘엿뉘엿 먼바다로 기운다. 채색구름이 반짇고리에 담긴 붉은 실로 갖가지 형상을 수놓는다. 바다에 드리워지는 저녁놀이 감나무 끝가지에서 대롱거리는 까치밥처럼 붉다. 염부의 거친 숨결이 잦아들며 버거웠던 하루도 그렇게 여며진다. 꼬장꼬장했던 염전의 하루가 적막 속에 끝나간다. 새로 바닷물이 든 염전에 조각구름이 빠져 허우적댄다. 세월의 흔적이 덕지덕지 앉은 소금창고 문짝이 설핏 지나는 바람결에 자꾸만 어깨를 들썩인다. 나무 문짝이 바람을 부여잡고 간헐적으로 목쉰 울음을 토한다. 저녁 염전은 헐렁하기에 바람 소리조차 솜솜하다.

염전의 시계는 정지되어 있다. 소박하면서도 단출했던 염부의 꿈도 그 자리에 멈추어 있다. 지난날 흑백사진 속 아스라한 풍경처럼 웅송그린 소금창고의 모습이 처연하다. 온갖 설움덩이를 긁어모은 소금처럼 염전의 저녁 풍경은 무척이도 아리다. 모든 게 정지된 염전의 애처로운 모습에 가슴이 자꾸만 시려진다. 눈물 젖은 염전이 저수지에 초록별을 띄우고 살랑대는 해풍으로 파문을 만든다. 염전은 죄다 눈물이고 땀이고 울음이다. 돌연, 바닷가 염전 어딘가에서 세월에 푹 삭은 젓갈 냄새가 풍겨온다. 염전의 젓갈은 짜디짜다.

염전

태양을 담금질하느라
짠물에 절여진 세월이 쪼글쪼글하다
풍화되어가는 염전의 등짝 밟고
햇빛에 소금 굽는 노인
투박하고 낡은 세월의 틈을 가르며
꺾이지 않으려고 온종일 수차 돌린다

바다가 엉켜들 때까지
소금창고는 부르르 목젖 떤다
원시 저편에서 발원하여
한쪽으로 삐죽 열린 창고 문짝 두드리는
처연한 바람 소리, 그 허름한 옷깃 부여잡고
오랜 시간의 허물이 하얗게 영글어간다

주검처럼 고요히 염전에 쌓이는
죽은 자의 언어 같은 희디흰 결정체
바닷물이 소금을 핥으러 올 때
남루한 오후 햇볕이 수은처럼 굴러다니고
박물관 오랜 풍경 속에 갇혀
갯벌은 바닷가에서 전시용 박제가 된다
오늘도 갯고랑으로 초록별 흐르고
염전의 고무래도 노을처럼 늙어간다.

삶, 그 사유와 상념의 문양

먼 길 떠날 적에는 아려도 돌아보지 마소서
먼 길 떠날 적에는 시려도 돌아보지 마소서
먼 길 떠날 적에는 가깝고도 먼 그리움의 경계에서 오롯한 사연 몇 개 괴춤에 차고
바람처럼 구름처럼 초연한 눈망울로 그리 가소서.

비가 내린다. 오솔길이 살포시 빗소리에 젖는다. 사유와 상념도 덩달아 젖는다. 오솔길에 들어서면 눈을 감아도 풀잎의 흔들림이 보이고 고요 속에서도 숲의 속삭임이 들려온다.
사색의 길섶에 풀꽃이 돋는다. 작고 앙증맞은 꽃송이들이 애잔하다. 하 많은 날, 저 풀꽃은 한 송이 꽃망울을 피우기 위해 얼마나 아프게 쓰러졌을까. 풀잎이 눕는 것은 굴종이 아니다. 드러누움은 결코 꺾임이 아니다. 굽힘이 바로 생의 올곧은 통로임을 알기에 풀잎은 오롯이 바람 앞에서 관습적으로 엎드렸으리라. 꺾이지 않으려고 관절 접어 엎드렸다가 잠잠해지면 다시 곧게 시린 무릎을 폈으리라. 그러기에 풀꽃은 저리도 애잔하리라.
꽃잎에서 오소소 검붉은 울음 한 자락 쏟아진다. 꽃받침에 맺힌 망연한 설움이 봉오리 져 꽃잎을 적시다가 이내 울음이 되어 주르륵 빗소리로 흘러내린다. 산다는 건 숨 쉬는 것이다. 존재하기 위해 치열히 숨 쉬느라 무척 힘겨웠을 게다. 산등성이에서 또 한 줄기 높새바람 불어온다. 풀꽃이 본능적으로 몸을 웅크린다. 덩달아 내 몸도 웅크려진다. 접힌 가슴이 찡하게 아려온다.

여섯째 마루

빈집

한때는 도란거리는 푸근한 이야기가 있었으리라. 까르륵대는 해맑은 웃음소리도 있었으리라. 서로 부추겨주던 정겨움도 있었으리라. 어느 순간, 거짓처럼 그것들이 모두 사라졌으리라. 오순도순 정겹던 정경은 이제 존재하지 않는다. 빈집은 숨을 쉬지 않는다. 그저 사는 듯 죽어있고 죽은 듯 살아있는 존재일 뿐이다. 숨결과 맥박이 없는 집은 집이 아니다. 빈집의 내부엔 한량없이 녹슨 잔영(殘影)의 퇴적물만 쌓이고 있다. 그러기에 빈집을 되작이는 얘기는 항상 우울하고 슬프다.

빈집의 주빈은 잡초이다. 잡초는 극단적으로 빈집을 선호한다. 신통하게도 빈집을 탐지하는 경이로운 신통력을 지녔다. 순식간에 점령군처럼 날아들어 빈집의 뜨락을 지배한다. 잡초는 강인하고 번식력이 왕성하다. 본능적 생존 욕구도 집요하다. 척박한 곳에 뿌리내리고도 극한적 시련을 극복한다. 그악스런 생을 살면서도 결코 굴종하지 않는다. 짓밟고 뽑아내도 어느 결엔가 또다시 천연덕스레 생명을 키워낸다. 잡초는 조그만 실뿌리 하나로도 우주를 점령할만한 괴력을 지녔다. 그게 잡초의 본성이고 위력이다. 그들이 우르르 빈집에 몰려와 다투고 싸우며 또 다른 잡초를 길러낸다. 생존에 치열히 명운을 걸면서도 결코 서로 화해하거나 타협하지 않는다. 그것이 잡초가 지닌 불변의 속성이다. 잡초는 결코 죽지 않는다.

길목에서 빈집을 자주 만난다. 집 앞 연립주택단지가 모두 을씨년스럽게 가림막을 둘러쳤다. 재개발사업에 들어간다고 한다. 부동산 바람이 거센 불길로 한바탕 휩쓸어간 곳이다. 항시 사람들로 북적대던 골목이 수도장처럼 긴 정적의 침묵에 들어갔다. 사람이 떠난 집은 더 이상 기능을 수행할 수 없다. 분주히 오가던 사람들의 발자국을 밟고 휑하니 공허한 바람만이 스쳐 간다.

남도 여행길에서도 빈집을 만난 적이 있다. 산수 경관이 매우 수려한 시골이었다. 낮은 산자락 아래로 도시 사람들의 별장이 많이 들어섰고, 또 들어서고 있었다. 손길이 과도한 애착으로 오래 머물고 있는 듯 별장은 무척 단아하고 가지런했다. 그런데 어울리지 않게 그 지척에 빈집이 두어 채 있었다. 빈집은 지붕이 내려앉고 벽이 허물어진 채 잔뜩 먼지만 둘러쓰고 있었다. 그 어울리지 않는 기막힌 부조화가 오래도록 그곳을 기억케 했다.

오래전, 고향 집을 비우고 도시로 이주한 적이 있다. 급히 옮기느라 세간과 농기구, 생활용품들을 그대로 둔 채였다. 넓은 앞마당에 연하여 뒤란에 옹기종기 항아리가 놓인 장독대가 있었다. 장독대 옆 감나무 고목은 덩치에 어울리지 않게 아주 왜소하고 씨 많은 감을 주렁주렁 매달고 있었다. 운치 있고 안락한 집이었다. 거기에는 내 어린 날 동화적 세계와 청소년기의 꿈이 삽화처럼 잔존하고 있었다. 이주하고 얼마 후 다시 찾았을 때는 이미 내 키만큼 자란 잡초가 시골집을 완전히 점령하고 있었다. 마당에서도 뒤꼍에서도 이름 모를 잡초들이 가득 들어차 마음껏 자유를 구가하고 있었다. 내 꿈과 동화도 잡초 숲에 덮여 행방이 묘연했다. 엄청난 상실감이었다. 충격적인 상실의 아픔이었다. 그 후 나는 절대로 다시 옛집에 발길을 들여놓지 않았다.

옛집

이젠, 거의 숨을 쉬지 않습니다
낡아 희미해진 그림자까지 구부정히 꺾이고
올곧던 자존(自尊)조차 허망이 무릎을 꺾었습니다
퇴화한 질곡의 입자가 서까래를 점령하고
쇠락한 나락(奈落)의 응어리가 대문을 봉쇄했습니다
오늘도 소등된 시간에 함몰된 달빛은 썰렁합니다

한때는 창문 밖 푸른빛 차곡차곡 접어
추억의 소품들과 함께 평상에 펼쳐놓고
밤새도록 별자릴 헤아린 적도 있습니다
슬픔의 얼룩들이 춤을 출 때면
문풍지 저미는 방에 화톳불 피워놓고
보송보송한 꿈 지피며 스르르 잠든 적도 있습니다

옛집은 섬 그늘처럼 외롭습니다
추락한 공허가 또 하나의 조밀한 아픔이 되고
날개 없는 고요는 부식(腐蝕)된 추억만 긁어모읍니다
온몸으로 한껏 세상을 밀고 가던 둥지
무리 지어 술렁이는 잡초 사이로
초점 잃은 햇살 한 가닥 마당을 기웃대고
이따금씩, 매운바람에 우편물 고지서만 흩날립니다.

빈집은 소실된 이력을 아프게 축적한다. 빈집을 만나면 그 집에 살았을 사람들이 연상된다. 그들의 정겨운 집안 분위기와 가족 구성원의 단란한 웃음소리가 아련히 들려온다. 그들은 어떤 사유로 인해 정든 집을 떠나야만 했을까. 그들은 무슨 생의 곡절 있어 소중하고 치열했을 생의 기록부를 접어야 했을까. 그들은 떠나면서 얼마나 아리게 미련을 곱씹으며 뒤돌아보았을까. 지금 그들은 온전히 가슴에서 빈집을 지우고 살아가고 있을까.

월간 『문학세계』 사무실 옆에도 버려진 빈집이 있다. 왕십리 번화한 도로변에 위치하고 있어 가격이 만만치 않을 듯한 집이다. 아직 빈집 담장은 견고하나 칙칙하고 낡은 암회색 건물 외벽은 보는 시선을 불편케 한다. 몹시도 인적이 그리웠을까. 담장보다 웃자란 잡초들이 밖을 향해 간절한 시선을 던지고 있다. 마치 절박하게 구조를 요청하는 듯하다. 너무도 오랜 날들이 세월의 저편에서 낡아져 간 듯하다. 추억에 회상의 눈길을 얹기엔 너무도 많은 세월의 잔상이 퇴적층에 쌓여진 듯하다.

빈집 이야기는 슬프다. 그러기에 아리고 쓰리다. 아리고 쓰린 것은 극심한 통증을 유발한다. 저마다 그럴만한 사연이 있었으리라. 저마다 아픈 내력을 막아서서 최대한 버텼으리라. 태산처럼 무겁게 짓눌러오는 고통과 싸웠으리라. 해일처럼 거세게 덮쳐오는 여러 요인과도 맞섰으리라. 그러다 종래 어느 순간에 그 모든 걸 놓아버렸으리라. 그리고 돌아보고 돌아보며 게걸음으로 고샅을 떠났으리라.

빈집을 바라보며 나는 절감하고 있다. 나도 지금 빈집처럼 서서히 공허해지고 있음을. 그래서 점점 골조가 무너지고 있음을. 무너져 내리며 쓰리고 아리게 가슴앓이하고 있음을. 그래서 빈집처럼 마구 처연해지고 있음을.

빈집

누가 살았고 누가 떠났을까
빗살무늬 토기 빗다 왜 그리 떠났을까
도란도란, 언젠가는 정겨운 한 폭 풍속화처럼
파르라니 형광불빛 환히 밝히고
질박하게 재생하는 삶의 알갱이 오소소 쏟아졌을
어둠 속 홀로 늙은 뒷골목 빈집

엄격하고 서슬 퍼런 완장 차고
잡초 더미 속에서 팔딱 뛰어오르는
선혈처럼 붉은 화약고의 섬뜩한 언어들
한 생애를 코뚜레 꿰어 살았을 경구(警句)가
바닥까지 깊어진 단단한 침묵으로
폭삭 늙어버린 철 대문 가로막고

툭툭, 실핏줄 불거진 담쟁이넝쿨
오래된 울음 흘리며 담벼락 기어올라
오가는 이에게 덩굴손 뻗치는데
머물 곳 잃은 바람 한 줄기 휑하니 돌아나가는
아릿하고 무거운 고적(孤寂)의 심연.

일곱째 마루

이파리

가만가만 움이 돋는다. 나뭇가지에서 새로운 생명이 옹알이한다. 새 생명의 탄생은 찬연하고 경건하다. 탄생은 기쁨이고 환희이며 축복이다. 움이 갓 부화하여 다사로운 뜰을 아장거리는 햇병아리처럼 앙증맞다. 이제 나무는 온 정성 다해 이파리를 건실한 생명체로 키워갈 것이다.

이파리는 성숙을 지향한다. 햇살과 바람과 비가 이파리의 생장(生長)을 주도한다. 나무는 뿌리와 줄기와 가지를 동원하여 이파리를 키운다. 생존에 필요한 한 모금의 수분을 위해 뿌리는 지하 광부처럼 끈질기게 어둠 속을 더듬는다. 줄기는 뿌리의 자양분을 보다 원활히 공급받기 위해 몸체를 굳건히 지탱하며 외부 위력에 대처한다. 가지는 비바람에 무시로 흔들리면서도 절대로 이파리를 잡은 손을 놓지 않는다. 그렇게 이파리는 주위의 헌신적 도움을 받으며 험난한 생의 굴곡을 극복해 간다.

이파리의 한생엔 참으로 우여곡절이 많다. 예기치 않은 순간에 엄청난 위력으로 몰아치는 장맛비가 무시로 덮치며 이파리를 극한적 상황으로 몰아간다. 해일처럼 덮쳐오는 태풍이 나무를 마구 경사각 아래로 흔들며 이파리의 생존을 위협한다. 무시로 줄기 타고 오르는 뭇 해충들도 이파리를 갉아먹으려 호시탐탐 기회를 노린다. 그런 상황에서도 다행스럽게 대다수 이파리는 역경을 극복하고 오롯이 푸르른 생명을 피워낸다.

계절의 변화는 이파리를 더한층 성숙시킨다. 여름에 이파리는 담록(淡綠)으로 짙게 우거져 더욱 싱그러워진다. 무성하게 잎을 피워 그늘을 만들고 뭇사람들에게 시원한 자리를 제공한다. 사람들은 나무 그늘에 자리하고 안락한 휴식과 여흥을 즐긴다. 진종일 가지에 앉아 그악스레 울어대는 매미의 악다구니도 끄떡없이 견뎌낸다. 낮에는 나뭇가지 사이로 비치는 햇살 한 줌 주워 놀고 밤에는 무수히 쏟아지는 별빛과 어우러져 낭만을 노래한다. 이따금씩 우련히 지나는 달빛이 이파리에 내려앉아 정겹게 토닥거려주기도 한다. 이파리에게는 정겨운 자연의 벗들이 많다.

이파리는 자기희생을 몸소 실천하는 박애주의(博愛主義)의 표상이다. 밀림은 빽빽한 나무들의 숲이다. 크고 작은 나무들이 서로 나무에 겹쳐져 살기에 숨이 막힌다. 때문에 밀림에 사는 이파리는 햇빛을 받는 것이 최대의 과제이다. 낮은 키의 이파리는 위의 이파리에 가려 햇빛 구경조차 어렵다. 그러기에 위의 나무 중에는 이파리가 스스로 자기 몸에 구멍을 뚫는 경우가 있다. 구멍을 통해 햇빛이 아래로 비치게 함으로써 아래쪽 이파리가 순조롭게 햇살을 받게 배려하는 숭고한 미덕의 행위인 것이다. 한갓 하찮은 나뭇잎의 자기희생적 의지와 따뜻한 배려의 발로가 가슴을 뭉클하게 한다. 가을엔 현란한 색깔의 축제가 벌어진다. 이파리는 저마다 고유한 색채로의 변신을 주도한다. 불타듯 선홍빛 홍조(紅潮)를 머금은 이파리가 화사한 날개 펼치고 허공을 지배한다. 줄기세포가 온 정성 다해 한 땀 한 땀 이파리에 불멸의 수채화를 새겨 넣는다. 단풍놀이는 이파리의 축제이다. 원색으로 흐드러진 이파리에 대한 찬사이고 경탄이다. 단풍은 색채예술의 극치이다.

나뭇잎

겹쳐진 고요가 허공에서 출렁이고
아가미에 돋아난 이파리가
벌레 먹은 듯 구멍 숭숭하다

조밀한 숲에 빼곡히 들어선 나무들
생존 위해 치열히 벌이는 양보 없는 투쟁
악착같이 머리 치켜들고 하늘바라기 한다

밀림에서 사활 걸고 빛을 사냥하는
수많은 이파리 중에는
남을 위한 희생과 배려의 의지로
제 몸에 스스로 구멍을 뚫는 잎이 있다

결코 혼자서 빛을 독점하지 않으려고
자기 밑의 이파리도 구멍 햇살 받으라고
그렇게 더불어서 함께 살아가자고
기꺼이 제 살 도려내는 고통을 감내한다

오늘은 나도 살진 가슴에 구멍을 뚫어야겠다
밀림의 이파리처럼 희생정신으로
그늘진 생명체에 햇살 나누어주고
조금은 더 후덕한 빛으로 내부를 채색해야겠다.

이파리는 나무가 길어 올린 자양분으로 성장한 노고(勞苦)의 결실이다. 한 잎 이파리를 피우기 위해 나무는 오랜 날 눈비 맞으며 바람결에 시달려야 한다. 모질고 험난한 고통을 안으로 삭여 감내하면서 굳건한 의지로 극복해가야 한다. 단풍은 나무가 극한의 인내로 결실한 눈물꽃의 발현이다.

낙엽은 단풍의 조종(弔鐘)이다. 한껏 절정을 이룬 미의 여지없는 추락이다. 낙엽은 내려섬과 비워냄의 실체적 진실이다. 세상을 전율케 했던 찬연한 과거를 지녔기에 낙엽은 더욱 쓸쓸하고 처량해 보인다. 나뭇가지에서 대롱거리다 툭 떨어져 내리며 팔랑거리는 낙엽은 몹시 처연하다. 바람에 날리는 낙엽은 매우 마음을 아리게 한다. 비에 젖어 땅바닥에 들붙은 낙엽은 더욱 가슴을 저리게 한다. 낙엽은 지는 것이 본분이다. 떨어져야 비로소 제 운명을 살게 된다.

낙엽은 떠남을 전제로 한다. 떠남은 한 생의 종료이고 다채로웠던 삶의 완결이다. 나무는 이파리를 버려야 새 잎을 발아할 수 있다. 이파리를 보내고 빈 몸으로 서야 비로소 새로운 삶을 도모할 수 있다. 그러기에 나무는 기꺼이 나목(裸木)이 돼야 한다. 탄생의 환희는 버림의 미학에 의해서만 가능하다. 버릴 건 과감히 버려야 한다. 나무는 버려야 산다.

생의 주기는 윤회로 반복된다. 만추에 이파리를 보내고 한겨울 지나 새봄이 오면 나무는 또다시 자양분 머금어 새 이파리를 키워낸다. 새로이 움 틔우고 생장(生長)에 모든 역량을 결집한다. 이파리의 떠남은 재회를 예약하는 숭엄한 이별 의식이다. 이파리는 만나기 위해 떠나는 회자정리(會者定離)의 실체적 이행이다. 그럼에도 뭇사람들은 낙엽과의 결별을 아쉬워하고 안타까워한다. 사람들은 이별에 서툴다. 그러기에 사람이다.

먼 길 떠날 적에는
— 낙엽에게

먼 길 떠날 적에는
아려도 돌아보지 마소서
인연의 정에 매인 만상들
그냥 제자리에 두고
바랑 지고 산문 나서는 행자처럼
휘적휘적
바람 따라 그리 가소서

먼 길 떠날 적에는
시려도 돌아보지 마소서
비워내지 못한 슬픔과 미련
그냥 제자리에 두고
이우는 밤 그윽한 달빛처럼
느긋느긋
구름 따라 그리 가소서

먼 길 떠날 적에는
가깝고도 먼 그리움의 경계에서
오롯한 사연 몇 개 괴춤에 차고
바람처럼 구름처럼
초연한 눈망울로 그리 가소서.

여덟째 마루

허수아비

찰흙 옹기처럼 잘 빚어진 어둠의 밀도가 조금씩 묽어진다. 여명은 절대적 권위의 배면(背面)에서 신생아처럼 탄생한다. 세상에 영원하고 완벽한 개체는 존재하지 않는다. 완벽의 실체로 군림하며 우악스레 어둠을 지배하던 한밤도 시간의 경계에서 이음새가 느슨해진다. 새벽이 그 틈새를 비집고 들어 조금씩 자기 영역을 확장해간다. 태양은 암벽같이 견고한 어둠의 입자를 소멸시키며 서서히 빗장을 연다. 태양의 빛살은 어둠을 먹고 자란다.

밤을 지새우며 오들오들 떨었다. 야금야금 옷자락 적시는 밤이슬이 몹시도 차가웠다. 스쳐 가는 바람도 살을 에는 듯 모질었다. 밤은 포악한 외부 집합체들의 반란이었다. 그나마 밤하늘에 지천으로 돋아난 뭇별의 정겨운 소곤거림이 있어 견딜만했다. 중천에서 한적히 노닐다 이울어 가는 달빛도 위안이 되었다. 논두렁에서 완벽히 조화된 음률을 풀어놓는 풀벌레의 합창도 위로가 되었다. 밤은 안락한 쉼표들의 조합이었다. 밤은 참새들에게도 휴지부의 시간이었다. 한밤 논배미의 적요는 적이 평온했다. 깊은 적막이 밤새 허수아비 소맷자락 잡고 어둠의 심연을 헤쳐 갔다.

오늘도 하루는 참으로 생동적이면서도 냉엄할 것이다. 온종일 몰래 날아들어 벼 이삭을 쪼아대는 참새와의 전쟁은 치열할 것이다. 생존하기 위한 본능적 욕구에 의해 충족하려는 자와 저지하려는 자의 한 치 양보 없는 전쟁은 야생의 하루를 더욱 입체화할 것이다. 농부는 수시로 논두렁에서 뒷짐 지고 근엄한 표정으로 허수아비의 전력을 점검할 것이다. 그러기에 들녘의 시간은 참으로 모질고도 험하며 다채로울 것이다.

대다수 소시민들도 허수아비처럼 치열한 삶을 살아간다. 생의 쪽문을 열고 들어가 대문을 지향해 가며 하루의 낱장에다 열심히 군불을 지핀다. 군불에 달구어진 도구로 시간의 이음새를 조이고 기름칠을 한다. 소시민에게 있어 이완(弛緩)은 두려움이고, 헐거워짐은 불안이다. 그러기에 그들은 간극을 옥죄는 일에 집착한다. 군불은 가장 효용성 있는 조임의 효율적 이행이다.

들녘은 가을 정취가 압권이다. 들바람에 누렇게 익은 벼가 물결치는 춤사위는 가장 빼어난 농촌 풍경의 진수(眞髓)이다. 농부는 풍성한 벼 이삭을 위해 허구한 날 들녘에서 땡볕을 지고 살아왔다. 비 오나 가무나 하늘을 우러르며 애간장 태워 왔다. 곡식은 농부의 발걸음 소리를 듣고 자란다. 땡볕을 푸지게 짊어진 벼 이삭이 제 무게를 감당하지 못하고 모로 드러누웠다. 조바심 많은 농부가 논배미에다 과도한 집착의 발걸음을 풀었나 보다.

갑자기 허수아비의 밀짚모자가 소란스럽다. 참새 쫓느라 분망한 허수아비 밀짚모자에 참새들이 태평스레 앉아 재잘댄다. 허수아비가 참새들의 쉼터와 놀이터로 변모한 것이다. 이제, 참새는 허수아비를 경계하지 않는다. 본능적으로 허수아비의 허세와 무능을 알아챈 것이다. 허위와 가식의 실체가 밝혀진 이상 허수아비의 존재가치는 의미가 없다. 애초부터 허수아비의 용도에 진실은 존재하지 않았다. 그릇된 진실은 외부로의 가식을 낳는다. 허수아비는 그저 허수아비일 뿐이다.

들녘

밀짚모자로 담아낸 세상이
모서리의 허물로 돋아나고
거기서, 실바람 한 가닥 번민을 툭 치고 지난다
어둠 끓여 숙성시킨 달 숨소리가
토막 난 하루를 이어 붙이고
빳빳이 목젖 차고 오르는 울혈 한 점
심지 꼿꼿이 자줏빛 불꽃으로 타오른다

습한 바람이 무더기로 달려와
그을린 노을을 닦아대고
들녘은 저만치서 하루치 몸살을 앓는다
중천에서 뛰어놀던 달빛이
정지된 시간 거슬러 올라
헝클어진 옛이야기 주섬주섬 모으고
거기서 하루는 뱅글 돌아 윤회를 시작한다

이랑 타고 넘는 세월에
옹이 진 애환 몇 조각
촉촉이 젖어 드는 비애의 심연에서
날개 꺾은 채 부표 되어 걸어 나오고
온종일 외다리로 서서 흔들리던 허수아비가
새벽이슬에 젖어 조금씩 기울어진다.

허수아비의 본질적 의미는 허상(虛像)이다. 허수아비의 가치는 그 허상의 위장을 통하여 실질적 목표를 추구하는 데 있다. 오늘날 세상에는 참으로 허수아비들이 많아졌다. 겉은 그럴듯한데 내실은 전혀 그렇지 않은 사람들이 거짓 꾸밈으로 세상을 혼란케 한다. 겉과 속이 다른 사람들이 진실을 호도하고 가장하여 주도적으로 판을 쥐고 흔드는 세상이다. 그런 가식적 사람에 비해 차라리 논배미에 서 있는 허수아비는 훨씬 인간적이다. 허수아비는 상대를 속일지언정 결코 해악을 끼치지 않기 때문이다. 허수아비는 위선자보다 훨씬 진실 되다.

이제, 아쉽게도 들녘 논배미에서 허수아비가 사라져가고 있다. 비록 허상으로나마 유용했던 허수아비의 용도가 폐기된 것이다. 어쩜 편리와 능률을 추구하는 현대사회의 특수성이 오래된 낭만을 앗아갔는지 모르겠다. 허수아비의 고향은 논배미이다. 어느 시골 축제마당에서 갖가지 모형의 허수아비를 동산에 전시한 걸 보았다. 허수아비가 단순한 추억의 상징적 개체로 전락한 모습이 오랫동안 망막의 영상으로 남았다. 동산에서 망연히 팔을 벌리고 관람객을 맞는 허수아비가 몹시도 민망하고 구차해 보였다. 허수아비는 역시 논바닥에서 자연스레 두 팔을 벌리고 있는 모습이 가장 잘 어울린다.

나는 줄곧 한 생에서 허수아비가 아닌 삶을 추구해왔다. 직장에서도, 가정에서도 항상 구조의 핵심부를 지향하며 전력을 기울였다. 그러나 이제 복잡하고 다층적인 생의 내리막에서 가끔씩은 허수아비를 닮아가는 스스로의 자화상을 발견한다. 조만간 참새가 앉아 재잘대는 허수아비처럼 머리에 밀짚모자를 얹을 날이 다가오고 있음을 안다. 서산마루로 가삐 기우는 태양은 나의 허수아비로의 변화상을 더욱 가속화할 것이다. 참으로 세월은 무심하고 무자비하다.

허수아비

줄곧 모질게 흔들리는 생이었다
줄곧 아프게 가라앉는 삶이었다
열매에겐 꽃의 시간이 있다지만
다리 하나에 몸을 싣기에 세상은 너무 무거웠다
헐거워진 바람 실핏줄 훤히 드러내고
짓눌리고 얼룩진 일상의 숨소리가 가빠졌다
각박한 세상살이 아무리 부대껴도
결코 참새와의 공존을 타협하진 않았다

이제, 새로이 꿈을 꾸기에 세월이 늙어버렸다
외줄로만 풀려나가는 삶의 얼레처럼
절절한 그리움도 어느새 탈색되고 노화해졌다
허공에 새겨진 허수아비 숱한 허물이
욕망의 골짜기 건너온 바람에 쓸려
꼬부라진 척추 타고 오를 때
세상은 여명의 빛을 잃고 어둠으로 쏟아졌다

수백 년 묵어온 아픈 사연이
산홋빛 꿈을 찾아 배회하다가
서슬 퍼런 칼날에 싹둑 잘려 나가고
세월로도 삭힐 수 없는 그리움 하나
산사 솔바람 되어 밀짚모자에 내려앉는다.

아홉째 마루

개

드디어 그토록 고대하던 복날이 지났다. 한여름 삼복(三伏)은 무섭고도 길었다. 목을 옥죄는 긴장된 나날의 연속이었다. 이제 조금은 불안을 떨쳐도 되는 것인가. 아마, 아닐 것이다. 비록 사철탕 집이 많이 줄었다고는 하나 일부는 아직도 저처럼 식도락가들에 의해 문전성시를 이루고 있지 않은가. 운명의 날은 그 날의 중공군처럼 불시에 돌진해 올 것이다. 유서는 특수상황을 대비하는 극단적 조치가 아니라 언제든 다가올 일반적 상황에 대비하여 준비되어야 한다. 생사의 엄중한 결과는 언제든 식도락가들의 미식(美食)에 의해 결정될 것이다.

애초에 '복(伏)'이라는 표의문자부터가 문제였다. 사람 옆에 개를 붙여놓은 글자 구조가 복날에는 사람과 개가 서로 친근히 지내라는 것인지, 아니면 개를 많이 먹으라는 건지 의미부터 아리송하다. 음식문화는 그 민족이 지닌 역사나 민족성과 무관치 않다. 궁핍할 때 한여름을 나는 데 있어 집집마다 흔히 길러지던 개만큼 적당한 보신용 식거리가 없었을 것이다. 그런 정황에서 개고기가 식생활의 일부로 정착되었고, 이가 관습화되면서 오늘날에 이른 것으로 이해된다.

개는 본래 사냥을 목적으로 가장 먼저 가축화된 동물이다. 예로부터 우리 선인들은 삽살개와 풍산개와 진돗개를 삼대 명견으로 꼽아왔다. 이들 개는 일제 침략기와 6 · 25 동란을 거치면서 삽살개는 멸종 위기에 처하게 됐고, 풍산개는 남북분단에 의해 우리 생활권에서 멀어짐으로써 현재는 진돗개만이 유일하게 우리나라 명견으로 명맥을 유지하고 있다. 진돗개는 선천적인 사냥개로서 특성이 출중하고 충직성과 복종심이 뛰어나며 용맹한 견종으로 잘 알려졌다.

개는 인간에게 아주 친근한 영물이다. 세상은 갈수록 대인관계의 정이 메마르고 각박해져 가고 있다. 그런 시대 특성상 오늘날 인간에게 있어 개만큼 정겹고 반가운 반려동물도 없다. 특히 여성들은 호칭에 있어서도 자신을 지칭하여 스스로를 '개 엄마'로 자처하기를 서슴지 않는다. 세상은 점점 인간보다 개가 주도하는 개판 세상이 되어가고 있다.

개의 삶은 철저히 양극화되어 있다. 식용으로 길러지는 개는 생활환경이 척박하기 이를 데 없다. 생명체로서 최소한의 관심이나 배려가 배제된 채 근근이 연명한다. 맨날 비좁은 우리에 갇혀 체중 불리기에 내몰리다 끝내 보신용으로 팔려 가는 비운을 맞는다. 참으로 개같이 살다가 개같이 끝나는 개 같은 생을 산다. 식용 개는 사는 날이 곧 죽는 날이다.

반면에 주인 잘 만난 개는 예쁜 옷으로 치장하고 극진한 보살핌을 받으며 행복하게 살아간다. 목욕과 털 손질은 물론이거니와 정기진찰도 받고 안락한 환경에서 문화생활을 영위하며 살아간다. 그런 개는 죽어서도 성대한 위령제를 거쳐 개 무덤이나 납골당에 봉안(奉安)되는 호사를 누린다. 팔등신 미인이 사랑스러워 못 견디겠다는 듯 무시로 끌어안고 입맞춤을 해댈 때면 나도 차라리 개로 태어날 걸 하는 후회와 부러움까지 든다. 참으로 존귀한 생명체로서 존귀한 대접을 받으며 존귀하게 살아가는 개님의 생이다.

귀하신 몸

멍멍이님이 납신다
귀하신 몸께서 개처럼 사람 끌고 공원에 납신다
충직한 하인이 상전의 배설에 대비하여
공손히 휴지까지 받쳐 들었다
상전은 도도하게 꼬리로 말을 한다
그의 말은 간단하고 명료하며 위엄이 있다
원하는 걸 얻지 못하면 송곳니로 위협하고
그래도 불만족스러우면 으르렁대기도 한다
으레 하인이 의중을 알아채 먹여주고 다독여준다
품어 안고 수없이 입맞춤도 해준다

터키탕이 생각난다
중세 터키는 목욕 문화가 왕성하여
그곳에서 관습적으로 사업도 하고 정치도 했다
귀족은 꼭 하인을 대동하고 목욕탕에 갔다
한겨울, 대리석 좌변기는 얼음장이었기에
미리 좌변기에 앉는 게 하인의 일이었다
귀족이 사용할 때까지 엉덩이로 변기를 덥혔다

내 조상들이 터키에 살았으면
분명 엉덩이 까고 좌변기를 덥혔을 게다
하지만, 결코 개를 안고 입맞춤하지는 않았을 게다.

한여름, 직장동료들과 도시 근교에서 보신 모임을 가진 적이 있다. 도심을 적당히 비켜서서 드넓은 논배미를 아우르고 있는 시골 정경은 매우 아늑하고 편안했다. 개암나무 그늘진 마당에 멍석 펼쳐놓고 부채로 더위를 쫓을 때는 안락한 고향 정서와 낭만에 흠뻑 젖기도 했다. 그렇게 수채화처럼 아름다운 정경이 한가득 가슴에 안겨 왔다. 잡담으로 시간을 축내며 목젖이 늘어질 만큼 오랜 시간이 경과해서야 비로소 음식이 나왔다. 제때를 한참이나 놓친 시장기가 내부의 반란을 주도하고 있었기에 모두 와락 개고기에 달려들었다. 그때, 주인이 겸연쩍게 음식 늦어진 연유를 털어놓았다.

마을에서 가장 통통하고 먹음직한 개를 골라 때려잡았다고 한다. 그런데 불을 지펴 털을 고스를 준비하는 동안 돌연 죽어 축 늘어졌던 개가 갑자기 흔적 없이 사라졌다고 한다. 모두가 황망히 온 동네를 찾아 나섰으나 발견할 수 없어 결국 포기하고 집에 돌아왔는데, 피투성이인 개가 마루 밑에 숨어 있다가 주인을 보고 꼬리치며 반기더라는 것이다. 주인은 개를 찾게 된 것이 천만다행이라 싶어 다정히 불러내서 다시 때려잡았다고 한다.

개와 인간의 야만성이 극도로 전도된 정황이었다. 이는 무척이나 충격적이고 황당한 정경으로 뇌리에 깊숙이 박혀왔다. 피투성이가 된 채 자신을 죽이려 했던 주인을 보고 반가워 꼬리치며 경계심 없이 다가서는 순정한 개의 모습이 정반대인 인간의 모습과 대비되어 생생하게 비쳐졌다. 주인과의 교감과 정분을 지키다 최후를 맞았을 개의 모습이 자꾸만 안쓰러운 영상으로 망막 가득 들어찼다.

인간의 퇴행적 야만성이 일시에 식욕을 앗아갔다. 그 날, 난 도저히 개고기에 젓가락을 가져갈 수 없었다. 어디선가 연신 웡웡거리며 아련히 들려오는 개 울음이 청각 가득 환청으로 파고들었다.

보신탕

출렁임도 일렁임도 끝났다
치열했던 불꽃이 뜨겁게 뚝배기를 끓이고
뚝배기가 비등점에서 휘휘 꼬리를 저어댄다
돌돌 말린 꼬리에서 울음 한 자락 자르르 쏟아진다
천년을 상처뿐인 질곡에서 방황하며
제 살 벌겋게 태워 살아온 아릿한 행적
그곳에 이미 삶의 온기는 없었다

질척이는 상념 조각 버무려 펄펄 끓인다
까맣게 그을린 목심지가 뜨거워
선혈 낭자한 도마가 제 살 저며 울고
유폐(幽閉)된 절망이 살진 육신을 난도질한다
덧난 상처에서 흐르는 신음 소리에
세월의 더께만큼 깊게 패인 칼자국
거기서 옹이 진 시간의 맨살이 화염으로 솟구친다

죽은 뚝배기 시신들이 널브러지고
부레를 가진 아픔이 붉은 볏으로 아우성칠 때
흑갈색 고깃살을 보고서야 비로소 깨달았다
그것이 그대의 극한적 몸부림이었음을
그것이 그대의 마지막 처절한 절규였음을
그리고 그 몸부림과 절규가 모두 내 것이었음을.

열째 마루

붕어빵

날씨가 차갑다. 낮게 드리워진 하늘이 우중충한 모습으로 금세 한바탕 눈이라도 흩뿌릴 듯하다. 바람이 쓸어가는 휑한 골목이 스산하다. 벌써 길거리에는 붕어빵 장수가 등장했다. 겨울이 오면 우리 집 앞 골목에도 붙박이처럼 붕어빵을 굽는 아주머니가 자리한다. 골목 어귀에서 한겨울 찬바람을 비닐막으로 차단하고 분주히 붕어빵을 굽는다. 비닐막은 가끔씩 모서리의 섶을 열어 작은 틈바귀를 만든다. 그곳은 매서운 황소바람의 통로이자 빵 굽는 냄새가 번지는 출구이기도 하다. 그곳에서 풍기는 빵 냄새가 그렇게 구수할 수 없다.

밤의 중심부가 계곡의 깊은 여울을 건너온 겨울날, 그 날도 아주머니는 열심히 붕어빵을 굽고 있었다. 간이천막 한켠으로 스며드는 틈새바람에 가스등 불빛이 조금씩 흔들리고 있었다. 아주머니는 그 불빛을 가까이 끌어들여 활자를 굽고 있었다. 이따금씩 둥근 안경알 위에서 등불이 보릿대춤을 추고 있었다. 바람은 은근하고 온유했지만, 등불은 충분히 바람결 모아 춤사위를 만들고 있었다.

다음 날, 나는 아주머니에게 들러 내가 지은 책을 선물했다. 그간 펴낸 시집과 수필집을 망라했다. 책을 드리고 나서 며칠 후 들렀을 때, 아주머니는 가스등에 바짝 들이대고 열심히 내 시집을 굽고 있었다. 참으로 대견해 보였다. 책을 읽지 않기로 정평이 난 시대에 일 틈틈이 책을 읽는 아주머니의 모습이 매우 신기하고 신선해 보였다. 나는 평소보다 더 많은 양의 붕어빵을 사 들고 돌아왔다. 아주머니는 인심 좋게 붕어 몇 마리를 덤으로 얹어주었다.

한겨울, 참으로 오랜만에 내리는 눈이다. 새하얗게 소복한 눈발이 금세 온 세상을 순백으로 물들인다. 천사의 하강이 참으로 눈부시다. 아름답고 거룩한 하강이다. 눈은 하강을 통해 온 세상을 정결하고 소담한 순백의 새 세상으로 변화시킨다. 저 눈발로 인하여 이제 세상은 좀 더 순박하고 정갈해질지도 모르겠다.

내리는 것은 하강이다 인간은 본능적으로 상승 욕구를 추구하는 본성을 지닌다. 그 욕구는 최대한 정상으로의 수직 형태를 지향한다. 보편적 인간에게 하강은 번뇌와 갈등의 주된 요인이다. 그러기에 가급적 하강을 기피하고 상승을 소망한다. 하강은 추락과 소멸의 내리막을 주도하는 핵심주체이다. 그러기에 일반적으로 하강은 번뇌와 두려움으로 작용하기 마련이다. 대다수 인간은 이를 절망과 실패의 귀결로 인식하고 경계한다. 하강은 슬픈 곡선이다.

그러나 하강이 꼭 부정적인 것만은 아니다. 하강은 오히려 완벽한 미적 가치의 실현이다. 내림은 또 다른 내림을 위해 위로 솟구치는 상승작용의 일부이다. 세상에는 하강하기 위해서 기를 쓰고 오르는 것들이 있다. 눈송이와 빗줄기도 그렇게 절절한 하강을 위해 전력으로 상승한 결과물이다.

나는 봄의 길목에서 꽃길을 지키다 꽃샘바람에 지는 낙화에서 그런 역설적인 환희를 본다. 꽃은 낙화해야 비로소 아름다운 꽃을 피울 수 있다. 시련이 인간을 더욱 굳건히 다지고 공고화하듯 낙화의 시련을 겪은 꽃나무만이 비로소 온전히 꽃다운 꽃을 피울 수 있다. 생명의 소진은 가장 슬픈 하강의 실체이다.

붕어빵

난, 붕어빵이 되어야 한다
추락하며 생명 소진해온 지느러미 세우고
눈발 유영(遊泳)하는 은빛 숲에서
아가미 빠끔거리는 햇살 향해
힘줄 불거진 순백의 겨울을 자맥질해야 한다

이제, 과감하게 파열된 부레는 삭제하자
겹겹의 미끌미끌한 비늘 벗겨내고
어둠의 질감을 빛으로 관통하며
윤기 자르르한 여명의 고요를 헤엄치자

뼈 깎는 인고의 시간 속에서
먹자두빛 자존심으로 석류 터지듯 가슴 열고
오래 굳어져 단단한 설원(雪原)의 지평
그 평면을 뚫고 신화처럼 비상하자

햇볕 쟁여 넣어도 결코 움이 트지 않는 골목
빙하처럼 투명한 생의 중심에서
찰방찰방한 숨결로 꽁꽁 언 한파 녹이며
구수한 냄새 하나로도 무수히 발길 돌려세우는
기필코 난, 그런 붕어빵이 되어야 한다.

눈발은 주례를 마친 순간까지도 맹렬한 기세를 거두지 않는다. 하늘에 그렇게 많은 눈이 쌓여져 있었다는 게 믿기지 않는다. 내친 김에 예식장 근처 친구까지 불러내 엄청 마셔댔다. 눈 때문이다. 눈은 경건하고 정결한 실체로서 못 견디게 마음을 격동시킨다. 눈이 내리면 들뜨고 설레어 평상심의 유지가 어렵다. 누군가는 서둘러 연인을 찾아 나서고 누군가는 애틋이 옛 추억의 정회에 젖어 든다.

만취 중에도 집 근처 지하철역에서 하차한 건 순전히 행운이었다. 그 역은 통로가 백화점과 연결되어 있어 아주 복잡한 구조를 지녔다. 그 날, 지상 출구를 찾지 못해 비틀걸음으로 아주 오래 헤맨 기억이 가물가물한 영상으로 저장되어 있다. 시간의 보폭이 하루의 분기점을 넘어설 즈음, 아주머니는 그 시간까지 여전히 골목에서 붕어빵을 굽고 있었다. 구수한 냄새에 이끌려 무심히 지나칠 수 없었다. 서둘러 갓 구운 붕어를 사 들고 나오다 미끄러져 그만 꽈당 넘어지고 말았다. 땅에 차갑게 쌓인 눈 더미가 와락 얼굴을 덮쳐왔다. 엄청 심히 넘어졌는데도 별로 아픈 통증은 느껴지지 않았다.

붕어빵이 제일 먼저 눈에 들어왔다. 봉지 밖으로 탈출한 붕어들이 여기저기 눈밭에 나뒹굴고 있었다. 손목시계도 떨어져 나가 저만치 눈 속에 파묻힌 게 보였다. 넘어진 채 정신을 집중하고 우선 붕어빵 하나를 입에 넣었다. 만취 중에도 붕어빵의 미각이 제대로 작동되는 게 신기했다. 주섬주섬 눈 속에 묻힌 붕어들을 봉지에 주워 담았다. 그리고 아무렇지 않은 듯 태연스레 집으로 돌아왔다. 붕어빵에 온 정신을 집중하느라 정작 시계 챙기는 걸 망각한 채였다. 예전 어느 첫눈 내리던 날, 애틋이 그립고 보고픈 마음속 여인이 선물해 준 시계였다. 나는 어이없게도 붕어빵으로 인하여 가장 소중한 시계를 그렇게 허망이 분실하고 말았다.

첫눈

잿빛 하늘 나직이 내려앉은 거리
솔기마다 한 줄기 바람결 문신하고
애절히 출렁이는 그리움의 타래
순정의 목화로 직조한 하얀 면류관 쓰고
하염없이 하늘거리며 다가서는
애틋한 연모의 잎새들

뭉클한 첫사랑의 사연 한 아름 안고
허공을 되작이는 청순한 꽃잎
적요(寂寥)의 빛깔로 음각된 판화처럼
은빛 날개 퍼덕이며
설레는 눈망울로 밤을 달려온
목마른 영혼의 춤사위

길 따라간 발자국에 고인
상서로운 옛사랑의 이야기
점점이 하얀 깃발로 나부끼며
짓무른 연정의 창가에서
탈피 끝낸 바람의 선홍빛 속삭임
그대 사랑하노라고
그대 사랑하노라고.

삶의 문양

형상도 색상도 불분명한
추상화(抽象畵) 한 점 걸머지고
물살 거센 물목
징검다리를 건넌다

해독되지 않는 형상이고
분석할 수 없는 색상이다
난해하고 모호한 그림에 대한 주석은
상세할수록 오히려 미로(迷路)가 된다

가까스로 징검다리 건너니
또 다른 징검다리가 연속적으로 놓여 있다
목적지는 저 멀리 아득한데
돌무더기 위로 물결까지 넘쳐흐른다

물에 젖은 추상화를 들여다본다
험난한 역정(歷程)의 고난 사이로
이따금씩, 소소한 기쁨과 희열의 문양이 비친다
추상화의 형상과 색채도 조금씩 선연해진다

징검다리 건너에서
추상화가 점점 구상화(具象畵)로 환치되고 있다.

비움과 채움, 그리고 여운

적막이 조밀한 보폭으로 저만치 걸어가면 달은 설원이 되어
은빛 가슴을 풀어 제치고 배냇짓 같은 꿈들이 선학(仙鶴)을 수놓는다
두툼하게 살려고 고심했던 생의 흔적들이 짓물러 번진 앙금 지우고
볼록하게 양각된 밤의 한 마디가 새하얀 달빛에 젖어 눈가루처럼 날린다.

가을 길을 걷는다. 정처 없이 떠도는 뭉게구름이 파란 도화지에 하얀 물감으로 갖가지 형상의 그림을 그려간다. 길섶에 돋아난 풀꽃들이 현악기로 바람의 교향악을 연주한다. 길 따라 흐르는 개울물이 졸졸거리며 한껏 깊어가는 계절의 운치를 노래한다. 농익었다가 묽어져 가는 오후 햇살이 서서히 산자락 너머로 뒷모습을 감추어간다.

길은 종결이 없다. 길은 연하여 길을 부르고 또 다른 길로 이어진다. 길은 생명체이다. 세월은 길을 낳고 수유(授乳)로 길을 키운다. 그리고 그 길은 절정기에 이르러 풍요로워졌다가 언젠가는 발걸음이 뜸해지며 퇴화의 운명을 맞는다. 생명이 종식된 길에는 허허로운 바람만 무성하게 피어나 우악스레 대지를 휩쓴다.

길섶으로 풀꽃이 돋아난 가을 길은 한편의 정밀한 서정시이다. 과거의 길은 현재로 이어지고 그 길은 곧장 미래로 이어져간다. 그리고 나는 그 길 위에서 영원히 깨어나지 않을 천년 옛적 미라가 된다.

열한째 마루

길

길은 연결체이다. 길은 분할된 삶의 개체를 잇는 선이다. 길이 있음으로써 인간의 삶은 더욱 다양하고 다채로이 풍요를 구가한다. 길에는 살아가는 사람들의 질박한 숨결이 응집(凝集)되어 있다. 길은 사람들의 발자국에 의해 진화하고 그로 인해 생명을 얻는다. 발걸음이 빈번하여 왕성한 생명력을 구가하던 길도 사람들의 왕래가 끊기면 생명이 종식된다. 잡풀이 돋고 흔적이 소멸된 길은 길이 아니다. 길은 관습적으로 흔적을 축적한다. 사람은 길을 만들고 길을 지운다. 그리고 그에 따라 인간의 역사는 변화한다.

길은 편리와 능률을 추구한다. 길은 접근성의 용이함을 근원으로 동선을 구성한다. 오랜 역사에 걸친 효율적인 동적 접근성에 의해 길의 효용성은 결정된다. 문화 추이와 시대발전에 의해 길은 지속적으로 변화의 과정을 거친다. 현대인은 보다 빠르고 단축된 지름길을 선호한다. 좀 더 느긋이 돌아가는 여유와 운치를 수용하기에 현대의 숨결은 너무도 조급하다. 길에 존재의 오류는 상존(常存)하지 않는다. 다만 효율적 적합성을 위해 끊임없이 변화를 추구해갈 뿐이다.

산자락 끝에서 골 깊은 계곡이 폭포수처럼 급경사면으로 미끄러져 내린다. 길 하나가 산비탈을 옆구리에 끼고 뒤뚱거리며 골 깊은 계곡의 물소리를 따라간다. 비탈길은 자만하거나 독단적이지 않다. 주위의 새소리와 풀벌레 소리를 동행하여 같은 보폭으로 걸어간다. 꽃잎에 내려앉는 벌의 날갯짓이 교향악 한 소절을 연주하여 길섶에 풀어놓는다. 음률이 제법 감미롭고 장중하다.

산모롱이에 연하여 황금 들녘이 탱글탱글 여문 속살을 드러낸다. 문득 길 하나가 실 끊어진 연처럼 갑자기 가장자리로 튕겨져 나간다. 길은 분화와 결합의 본능적 속성을 지닌다. 길은 존재의 가치를 희구하는 본연의 속성으로 자아내면을 충족한다. 길은 분열하여 다른 길을 분만하고, 종래 어딘가에서 분만했던 길과 다시 결합한다. 무수히 만남과 헤어짐을 반복하는 우리네 인생의 행적을 닮았다.

나는 황톳길에 대한 느낌이 아주 진하다. 학창 시절 매일 그런 길을 걸어 등교했기 때문이다. 버스가 다니는 큰길까지 나가야 하는 들녘의 황톳길은 나에게 엄청난 고통의 진원지였다. 학교 가는 길, 아무리 조심해도 바짓가랑이는 붉게 물들었다. 그럴 때마다 아스팔트를 걸어 등교하는 도시 친구들의 말끔한 바짓가랑이가 너무도 부러웠다. 황토는 내가 스스로 촌놈이라고 알리는 광고판이었다. 황토는 극심한 열등의식과 번민의 진원지였다.

시골을 떠나온 오랜 후에야 비로소 내 의식에서 황토가 말끔히 지워졌다. 지긋지긋하게 찰거머리처럼 달라붙었던 열등의식에서도 자유로워졌다. 얼마 전, 맨발로 그런 황톳길을 걸었다. 계족산 숲속으로 길게 이어진 황톳길은 무척 서정적이고 낭만적이었다. 맨발에 느껴지는 말랑말랑한 황토의 느낌이 아주 각별했다. 보드랍고 질펀한 황토를 밟으며 자연이 안단테로 연주하는 숲속의 세레나데에 심취했다. 거기에서 황토는 결코 지난날 느꼈던 갈등과 번민의 발원지가 아니었다. 그것은 내면에 오롯이 잠재한 그리움의 실체적 존재였다. 황톳길은 인위적 가식으로 자신을 꾸미지 않는다.

길

하룻밤 자고 나면
무수히 생겨나고 사라지는 길
바랑 지고 떠난 여행길에서
아리게 퍼내고 퍼내도 출렁이는 애수
수묵처럼 번지는 야생의 그리움을 보듬고
길이 시작되는 곳에서 길을 잃고
길이 끝나는 곳에서 길을 찾는다

고요가 숙성되어 꽃으로 피어나는 길 따라
모과처럼 탱탱한 동녘 하늘 수레바퀴
홍시처럼 물컹한 서녘 하늘 꽃등불
한 소쿠리 사연 풀어 버선발로 마중 나오고
앞서간 누군가의 질박한 흔적들이
발자국마다 뭉클한 숨결로 고여 든다

오래 묵은 산빛이 흘리는 정적의 시간
느긋한 발길에 들붙는 햇살이 보송보송하다
청정한 바람 소리 따라 오솔길 걸으며
끊어진 길에 길을 이어놓고, 거기서
아련한 추억을 만나고
애절한 슬픔을 만나고
차오르는 그리움을 만나고.

길을 걷다가 잠시 걸음을 멈추고 걸어온 길을 돌아본다. 길에 찍힌 발자국은 굴곡 많은 삶의 역정이고 생활기록부의 진본이다. 거기에 쓰인 깨알같이 조밀한 필기체를 통해 지난날을 회상한다. 예까지 걸어오며 길에 무수히 찍힌 내 삶의 족적은 어떤 의미를 지녔을까. 또 내일의 지평에서 내 길은 어디로 이어지고 어디에서 종료될 것인가. 선택의 갈림길에서 망설이다 부스러기처럼 털어냈던 미지의 길은 지금 어디쯤 가고 있을까. 삶의 계곡에서 고비 때마다 갈래로 나뉜 길의 의미가 자꾸만 상념의 저변을 들쑤시며 수런댄다. 모두가 미련과 아쉬움으로 점철된 회한의 응어리들이다.

길은 양면적 특성을 지닌다. 길은 분열한 개체의 집합체이면서 존재가 나뉘는 분열체이기도 하다. 만남의 환희와 이별의 아픔이 그런 길 위에서 생성된다. 나는 직선 길보다 곡선 길을 선호한다. 우회로에서 보다 아늑하고 편안하고 포근한 정취를 느낀다. 미끈하게 쭉 뻗은 한길보다는 오솔길과 후밋길이 좋다. 꼬불꼬불한 오솔길은 한적하고 은근하여 사색적이다. 휘어져 굽어진 후밋길은 운치와 여유와 낭만을 생성한다. 이들 길은 소박하나 결코 빈약하지 않다. 이들은 자신의 존재 이유와 정체성을 쉬 체념하지 않기에 안락하고 평화롭다. 길은 언제나 인간에 의해 생명을 꽃피우고, 인간에 의해 그 생명이 소멸된다.

눈망울 치켜든 오후의 햇살이 아직도 탱탱하다. 꼿꼿하고 싱싱한 햇살이 따갑게 신작로에 떨어진다. 길이 배양한 샛길에 잡초가 무성하다. 내가 평생 걸어온 길도 잡초가 빼곡히 우거졌었다. 결코 신념으로 내일의 지표와 광영을 확신할 수 없는 길이었다. 안개 자욱한 외진 길에 수시로 비바람 불고 눈보라 들이쳤다. 앞길이 막막했다. 그 길을 더듬어가는 발걸음은 숨 가빴다. 몹시도 숨이 가빴다.

가을 길

해묵은 생채기 한 봇짐 짊어지고
거기에 길이 있어 그 길을 걸었네
졸참나무 숲속에서 뭇별이 쏟아지자
귀뚜라미 한 마리가 가을을 맛있게 갉아먹고
발목까지 빠지는 어둠 속에서도
길은 길을 낳고 길로 이어졌네

산모롱이 칠부 능선쯤 올라
휘적휘적 걸어온 길을 돌아보았네
때론 갈림길에서 주춤거리고
때론 숲속에서 방황했던 어지러운 자국들
굽잇길에 암석처럼 박힌 흔적은
모두가 아픔이고 부끄러움이었네

만난 사람 보내고 보낸 사람 만나며
결빙된 시간 깨워 예까지 달려왔는데
저 길은 어디쯤에 구절초가 피었을까
저 길은 어디쯤에 달그림자가 고였을까
풀 향 질퍽이는 외진 길섶
주머니 속 기어든 풀벌레울음 꺼내놓자
길 잃은 북극성 무심히 떠돌고
은하 물결 소리 길 따라 흐르는데.

열둘째 마루

달

달이 흐른다. 적막한 밤하늘을 무심히 흘러간다. 괴나리봇짐 메고 표표히 떠나는 나그네 행색이다. 면벽 수행하다 바랑 지고 산문 나서는 승려 행색이다. 발자국마다 설화처럼 하얗게 달빛이 피어난다. 초월자의 무심한 발걸음이다. 달관자의 한적한 발걸음이다. 달은 고적한 밤길을 걷는 나그네의 정겨운 길동무이다. 달의 발목에 어둠의 각질이 수북이 쌓이고 한밤의 표피(表皮)도 그만큼 두꺼워진다. 달은 밤을 관류하는 온유한 빛살이다. 사람들은 이 빛살을 통하여 누군가를 그리워하고 채색된 낭만을 꿈꾸고 아련한 추억에 젖는다. 안개 자욱한 밤길에 달빛마저 없다면 이 밤은 또 얼마나 무료하고 적요하랴.

달은 시골에서 바라보아야 한결 운치가 있다. 시골에 들를 때마다 관습적으로 밤하늘을 바라본다. 밤이 되면 달과 별이 촘촘히 들어서서 환상적인 빛의 축제를 벌인다. 까만 먹지에 돋아난 별꽃들의 성대한 잔치가 메마른 정서를 동요시킨다. 바람과 달과 별이 나누는 은일한 대화가 연인들의 눈빛처럼 그윽하다. 달빛 그득한 정경이 수묵 빛 화폭에서 별 무리 촘촘한 천체와 어우러져 환상적인 정경을 연출한다. 교교한 달빛과 면밀한 별빛이 한껏 어우러져 야생의 밤은 중후해진다. 시골의 달은 유난히 밝고 맑다. 새하얀 달빛에 어금니까지 시려진다.

간밤

문풍지 하얗게 젖어 드는 밤
달빛 한 줄기 꽃샘바람에 굴러오면
고독한 젊은 사내의 번민이 시작된다
미치도록 누군가가 그립고
미치도록 누군가가 보고프고
허물 벗어 단단해진 생의 흔적이
뒤척이는 시간으로 밤의 살점을 끓인다

눈부시도록 명징한 달빛에
깊고 무겁게 엄습하는 그리움의 회한
그 뜨거운 적요(寂寥)의 불길에 어둠이 타오른다
생기 잃은 상념과 우울 짙어지고
밤새도록 뒤척이고 번민하다
새벽닭이 희끄무레 하루를 열 무렵에야
강물 따라 하얗게 길이 돋아나고
녹색 바람이 등줄기 휘어진 능선을 들쑤셔댄다

달빛이 세상에 뿌려지는 눈물 거둘 즈음
간밤의 헛것들이 떠내려가고
들길도 미루나무도 훌훌 옷을 벗어제친다
그리고 그때쯤에야 나는 비로소
무수한 추락의 경험에서 내성을 회복한다.

초승달은 청순하고 정결한 꿈을 지닌다. 이제 막 처녀로 진입하려는 천진무구한 철부지 소녀가 난생처음 거울 앞에 앉아 눈썹을 그리는 형상이다. 초저녁에 떠오르는 초승달은 해맑고 순결하다. 소녀의 두근대는 앞가슴이 조금씩 부풀어 오르는 시기와도 동일하다. 바람에 나풀대는 소녀의 세일러복 청치마가 나비처럼 발랄하고 청초하게 비치는 시기이다. 초승달은 생기 차고 운치 어린 달이다. 초승달은 성숙과 풍요를 지향한다. 초승달에는 무한한 청록빛 꿈이 서려 있다. 그 꿈은 밤새 은하 물결에 씻겨 더욱 청정해진다. 톡톡 튀는 언행을 일삼다가도 금세 새침해지는 수줍은 소녀를 닮았다. 걸핏하면 얼굴 붉히고 변덕과 투정이 많은 소녀상이다.

보름달은 풍성한 만월이다. 보름달은 영화와 숭배를 독차지하는 여왕의 모습이다. 보름달은 직접 만져보고 싶은 달이다. 터질 듯이 풍만한 성적 욕망을 유발한다. 보름달은 농염한 술집 작부의 풍만한 둔부(臀部)를 연상시킨다. 빗장 열고 엉덩이 실룩대며 함박웃음 짓는 여인의 교태는 아무래도 불안하다. 금세 무슨 일을 저지를 것만 같은 불안이 느껴진다. 보름달은 어디서나 주인공이 되어 뭇시선을 독차지한다.

보름달은 생애 절정기를 살아간다. 더 이상 성숙해지거나 풍만할 수 없는 최고점에 위치한다. 존재가 성장의 절정기에서 내리막길로 들어서는 것은 허망하고 아픈 일이다. 몰락과 소실이 기다리는 슬프고 험난한 길이다. 사양(斜陽)길은 망각과 삭제를 향해 가는 길이다. 사양길에서는 예기치 않은 사고가 빈발한다. 우리의 인생살이에서도 이즈음의 변곡점(變曲點)을 슬기롭게 잘 관리하여야 한다.

새벽녘 그믐달은 슬픈 눈망울을 지닌다. 밤새도록 추위에 오들오들 떨면서도 달빛 머금고 밤을 새웠을 것을 생각하면 가슴이 찡해진다. 그믐달은 초승달처럼 갸름하지만 그처럼 신선하진 않다. 그믐달은 노쇠하여 기방에서조차 쫓겨난 한스런 여인네의 형상을 닮았다. 술자리에서 산전수전 다 겪고 뒷방으로 물러난 퇴물기 여인의 회한이 느껴진다. 그 여인이 거울 앞에 앉는 것은 편집되고 위장된 자신을 지우는 일이다. 삶을 위해 애써 가식으로 덧칠했던 화장을 지우고 평안히 잠자리에 들려는 지친 여인상이다. 한때 열정적이고 헌신적이었던 애증으로부터 벗어나 덤덤히 통념적인 여인으로 회귀하려는 몸짓이다. 그믐달은 밤새 정처 없이 길거리를 배회하다 능욕당한 여인의 처절한 눈물을 연상시킨다.

그믐달은 애상적이다. 소멸을 목전에 두고 있기 때문이다. 그믐달은 그렇게 소멸된 후 얼마 후 다시 부활의 몸짓으로 찬연히 떠오를 것이다. 달은 차오르면 기울고, 기울면 다시 차오른다. 기울어짐은 서글픈 일이다. 그믐달은 보는 이가 적어 외로운 달이다. 밤새 허름한 목로주점에서 찌그러진 주전자를 두드리며 질퍽하게 육자배기를 흥얼거리는 여인의 한이 배어있다. 신새벽까지 젓가락장단을 치다가 먼동이 트고서야 비틀비틀 자리를 털고 일어서는 늙은 작부가 연상된다. 나는 그믐달 앞에서 경건하고 숙연해진다.

소싯적, 한밤중 초가지붕에 올라간 적이 있다. 뜰에서 줄을 타고 지붕에 오른 박 넝쿨이 한가득 소담히 박꽃을 피우고 있었다. 그때, 갑자기 구름을 헤치고 새하얀 달빛이 폭포수처럼 쏟아져 내렸다. 목화송이처럼 하얀 달빛이 하얀 박꽃에 내리며 또 한 송이 하얀 박꽃을 피우고 있었다. 거기서, 나도 달빛에 흠뻑 젖어 하얗게 소복한 한 송이 박꽃으로 피어나고 있었다. 달빛과 박꽃과 내가 함께 어우러져 오붓이 몽환적(夢幻的)인 꿈의 세계를 노닐고 있었다. 그것은 정녕 몸서리치도록 신비롭고 경건하며 순수한 무아의 세계였다. 정녕 그랬다.

달밤

갈맷빛 짙은 초저녁
디딜방아같이 우묵한 어둠이 내리고
초승달이 가만가만 길을 트면
소녀는 설레는 맘으로 거울 앞에 앉는다
정성스레 입술과 눈썹 그려 넣고
청초한 한 송이 달맞이꽃으로 피어난다

달무리 새치름한 새벽녘
푸르고 희끄무레한 경계에 발을 딛고
하현달이 한기에 오들오들 떨 때면
중년 여인이 어기적거려 거울 앞에 앉는다
밤새 시달려 지워진 화장 건성건성 또 지우고
주름살 골 깊게 앉은 회한을 닦아낸다

적막이 조밀한 보폭으로 저만치 걸어가면
달은 설원이 되어 은빛 가슴을 풀어 제치고
배냇짓 같은 꿈들이 선학(仙鶴)을 수놓는다
두툼하게 살려고 고심했던 생의 흔적들이
짓물러 번진 앙금 지우고
볼록하게 양각된 밤의 한 마디가
새하얀 달빛에 젖어 눈가루처럼 날린다.

열셋째 마루

등대

줄곧 경직된 경계의 눈빛이 농밀하다. 연안에서 쉼 없이 바다에 섬광처럼 한 줄기 강렬한 빛줄기를 투사한다. 바다가 빛의 알갱이로 등성이를 쌓으며 크게 요동친다. 미명을 뚫고 먼바다에서 돌아오는 통통배의 가쁜 고동 소리가 질박하다. 바다에서 닳고 흔들리며 파도 더미를 넘어온 흔적이 역력하다. 이제, 고깃배가 정박하면 포구는 크게 술렁일 것이다. 해변엔 수평선 너머에서 품어온 비린내가 진동하고 고기를 경매하는 부산한 정경이 포구 특유의 풍광을 연출할 것이다.

배를 이끌고도 등대는 결코 지치지 않는다. 선박의 안전지표(指標)로서 어둠의 바다를 지키는 숙명적인 파수꾼의 역할을 충실히 수행한다. 불시에 험난하게 급변하는 바다 날씨와 암초로부터 선박의 안전을 도모하는 고맙고 유익한 시설물이다. 등대는 오로지 배를 위해 헌신하고 봉사하는 문명의 이타적 구조물이다. 등대의 광원은 어둠이 짙을수록 더욱 선연히 빛난다.

등대는 문명의 발전과 더불어 끊임없이 진화해 왔다. 우리나라 최초로 점등한 등대는 팔미도등대이다. 팔미도는 섬 자체도 아름답거니와 둘레길의 울창한 소나무 숲 사이 오솔길이 아늑하기 그지없다. 사색에 잠겨 오솔길을 거닐다 보면 시 몇 수는 거뜬히 건질 수 있는 명소이다.

어부

파닥거리는 날개는 추락하지 않는다
날개가 갈가리 찢겨도 어부는 끝 숨까지 파닥거린다
헐벗은 갯바위 너머로 새털 같은 낙조가 흐르고
파도가 파도에 부서지며 새로운 파도를 낳는다
저녁 안개가 끈적끈적한 혀를 들이밀고
몽롱한 시간의 기억들이 점액으로 묻어난다
해면을 비질하는 바람이 빗물에 씻기고
바다 저편에서 허름한 통통배 한 척이
공허한 뱃고동 내지르며 너울 속으로 사라져간다

바다가 파도로 깃을 세우면
먼바다 중심에 단단히 뿌리박고
해풍에 닳은 그물코 던져보지만
어부의 직관만으로 만선은 쉽지 않았을 게다
먼바다, 거기서 수평선을 채색한 수만 평 노을이
어부는 그리도 서러웠을 게다
심하게 흔들리는 건 서럽게 살아간다는 것
서럽게 살아가는 건 아픔이 많다는 것
흔들리다 살점 찢긴 통통배 신음이 애처로워
어부는 서릿발 같은 넋으로 돛대를 곧추세운다.

천재 물리학자 아인슈타인에겐 '어머니'라는 등대가 있었다. 어린 시절, 아인슈타인은 일부 과목에서 학습부진아였다. 당시 독일 교육의 엄하고 현학적인 단체훈련 속에서 아인슈타인은 두려움과 지루함으로 인해 학생으로서의 능력을 거의 상실하고 있었다. 그런 아인슈타인에게 어머니는 늘 곁에서 따뜻이 말해주었다. "너는 세상의 다른 아이들에게는 없는 훌륭한 장점이 있단다. 그래서 이 세상에는 너만이 감당할 수 있는 일이 너를 기다리고 있단다. 너는 틀림없이 훌륭한 사람이 될 거야."

아인슈타인 어머니는 하루에도 몇 번씩 이 말을 해주었다고 한다. 어머니의 절대적인 사랑과 따뜻한 격려에 의해 아인슈타인은 희망과 용기를 갖게 되었다. 특화된 어머니가 있었기에 불멸의 위인으로서 특화된 아인슈타인이 존재할 수 있었던 것이다. 아인슈타인에게 어머니는 훌륭한 인생의 등대였다. 그가 남긴 명언은 오늘을 사는 우리들이 가슴 깊이 새겨 음미해 볼 만하다.

'인생을 살아가는 데는 오직 두 가지 방법밖에 없다. 그 하나는 아무것도 기적이 아닌 것처럼 살아가는 것이고, 다른 하나는 모든 것이 기적인 것처럼 살아가는 것이다. 모두가 비슷한 생각을 한다는 것은, 아무도 생각하고 있지 않다는 것이다. 인생은 자전거를 타는 것과 같다. 균형을 잡으려면 계속 움직여야 한다.'

등대는 빛의 주체이다. 어둠을 향해 빛을 투사하는 찬연한 발광체이다. 등대 불빛은 길을 잃거나 찾으려는 생명체에게 희망의 나침반이다. 우리는 인생의 험로에서 수시로 길을 잃는다. 길을 잃고 무작정 헤매다 보면 점점 더 깊은 수렁에 빠져들게 된다. 물안개 자욱한 길에서도 등대는 명확히 목적지를 향한 지표를 제시해 준다. 등대는 길 잃어 불안정한 생명체에게 따뜻한 배려와 안심의 표지이다. 사람들은 등대 불빛을 따라가서 안전한 둥지에 들게 된다. 등대는 요람으로 향하는 희망의 길라잡이다.

해안가에는 수많은 등대가 설치되어 있다. 이들의 등대 불빛으로는 주로 주황색과 흰색과 녹색이 사용된다. 다른 등대나 일반적인 빛과 구별하기 위해 각기 비추는 방법을 달리하거나 여러 가지 색깔을 사용하기도 한다. 배는 바다에서 낮에는 등대마다의 독특한 색깔로 구분하고, 밤에는 등대 불빛의 색깔과 깜박거리는 점멸등, 또는 섬광을 통하여 위치와 방향을 가늠할 수 있다. 사람들은 바다에 사는 사람들의 안전을 위해 끊임없이 지혜를 모으고 방안을 강구한다. 바다는 한순간에 바다를 먹고사는 사람들의 생사를 가르는 무섭고 두려운 운명적 장소이다. 바다는 파도 위에 배를 띄우기도 하고 금세 뒤엎기도 한다. 바다는 다양한 성격을 소유하고 있다. 그러기에 등대는 문명과 더불어 끊임없이 진화 발전되어 왔고 앞으로도 그러할 것이다.

바다는 가지런히 정제된 얼굴을 고집하지 않는다. 팔색조처럼 변신을 거듭하며 수시로 민낯을 바꾼다. 바다의 성미는 불같다. 시도 때도 없이 화를 내며 불시에 드높이 널을 뛰어대기 일쑤이다. 그러기에 거기엔 돌아오지 못하는 넋들의 한이 서려 있다. 그 원혼들의 통곡이 파도 소리를 드높인다. 오늘도 바다는 거칠어진 숨으로 망나니 춤을 추어댄다. 오늘, 누군가는 또 돌아오지 못하고 거친 바다를 떠도는 애절한 원혼으로 남을 것이다. 그리고 그 원혼이 애처로워 누군가는 슬피 촛불을 밝혀 들고 오열에 젖어 들 것이다.

이제, 새해에는 누군가에게 자그마한 등대라도 되고프다. 비록 광력은 미약하지만, 누군가의 삶을 조명하며 그의 앞길을 비춰주고 싶다. 갈기 세워 요동치는 바다를 항해하는 통통배의 항로를 밝히고 싶다. 오늘도 등대는 자전거를 탄 듯이 열심히 굴러간다.

등대

어둠 속 가시 뽑은 별들이 눈을 뜨면
밀밀한 근심을 친친 감은 등대는
돌아오지 못하는 어부가 안쓰러워
바닷가에서 무명으로 하얗게 소복(素服)한다

돌아갈 길 잃고 술렁이며
제 살점 뜯어내는 바닷바람 등지고
그물코 꿰매며 만선의 꿈 흥얼거리던 어부
한 많은 저승길 밝히려
밤새도록 섧게 심지를 돋운다

간간이 돌담에 고여 드는 햇살 안고
청량한 여울바람 여며 노닐다가도
구슬픈 아낙 통곡 소리에 심란해져
갯바위에서 진종일 수평선만 응시한다

거룩한 경배처럼 엎드린 섬들 사이로
파르르 떠는 빛살 한줄기
검은 바다의 껍질을 조금씩 벗겨내며
파문처럼 목메인 호곡(號哭) 소리
섧게, 섧게 성난 파도 더미에 묻는다.

열넷째 마루

문

문은 개방과 차단을 목적으로 한다. 문은 열고 닫는 수단에 의해 존재 가치가 생성된다. 우리의 일상은 문턱을 넘나드는 행위로부터 의미가 형성된다. 사람들은 문을 통과하여 누군가와 만나고 또 누군가와 헤어진다. 문은 누구에게나 고유하고 개성적인 서사적 이야기의 발원지이다. 문의 개방은 소통이고 차단은 단절이다. 문이 열려야 할 때 닫히고, 닫혀야 할 때 열리는 데에서 심각한 갈등과 빈민이 파생한다. 우리는 오늘도 문을 열고 닫으며 삶의 연결 띠를 이어간다.

문은 문짝과 문틀로 구성된다. 여닫이문은 돌쩌귀를 축으로 하여 열고 닫는 문짝으로 구성된 문이다. 접이문은 열릴 때 함께 접히는 연접식 패널로 구성된 미닫이문이다. 회전문은 날개를 펼친 모양의 판유리 문을 말한다. 솟을대문은 사인교나 가마 등이 드나들 수 있도록 대문의 지붕을 높인 것으로, 권세와 부유의 상징적 의미를 지닌다. 마을의 경계에 세워진 문을 이문(里門)이라 하고, 도시의 경계를 형성하는 성벽에 난 문을 성문(城門)이라 한다. 문의 성격과 명칭은 그것에 연속된 경계요소의 성격에 의해 결정된다.

문은 문틀을 세우고 문짝을 다는 것이 일반적이나 꼭 그런 형식의 구조물로 한정하진 않는다. 두 나라 사이의 국경에 있던 나제통문(羅濟通門)은 암벽을 뚫은 자연적인 동굴 모양의 문이고, 담양 소쇄원의 오색문은 담장의 일부를 잘라둠으로써 문의 기능을 수행한다. 개선문은 무언가를 기념하거나 주술적인 의미, 안녕수복을 비는 기복적인 의미에서 세운 문이고, 사찰의 일주문은 출입의 기능보다는 신성한 가람에 들어서기 전 의식의 문이다. 제주도 민가의 정랑은 대문을 대신하여 출입을 표시한다. 이는 입구 양쪽에 정랑을 세우고 구멍을 뚫어 두 개의 정주목을 걸쳐둠으로써 대문 구실을 한다. 정주목 두 개가 모두 내려져 있으면 집안에 사람이 있으니 들어와도 좋다는 표시이고, 하나만 걸쳐져 있으면 잠깐 외출했다는 표시이며 두 개 모두 걸쳐져 있으면 멀리 외출했다는 뜻을 지닌다. 기능적으로 문은 출입을, 창은 채광을 목적으로 설치한다.

내게 가장 굳건한 문은 안방 문이다. 내 문은 주로 닫힘의 기능에 익숙하다. 나의 글쓰기는 거의 안방에서 실행된다. 안방에서 써야 글이 제 속도를 유지하면서 제법 튼실한 골조와 틀을 갖춘다. 나의 글쓰기에는 항시 TV와 담배가 동원된다. 나는 고요하고 적막한 환경에서는 글을 쓰지 못한다. 그런 분위기는 질식할 듯이 숨이 막힌다. 우선 적당히 시끄러워야 한다. 글을 쓰다 막히거나 지치면 그대로 누워 잠에 드니 이처럼 안락하고 편안한 공간이 따로 없다.

글을 쓸 때 관습적으로 동원되는 게 담배이다. 오랫동안 식구들이 안방 흡연을 집요하게 집 밖으로 추방하려 해 충돌이 많았다. 강요가 거셀수록 버팀도 드셌다. 그 과정에서 나의 글쓰기 핑계가 든든하고 그럴듯한 버팀목이 되었다. 결국 안방 흡연은 가까스로 용인되었으나 대신 '문 닫기'라는 부수 조건이 절대적 의미로 따라붙었다. 행여 흡연 시 조금이라도 문이 열리면 금세 불호령이 떨어진다. 나의 문은 꼭꼭 닫혀야 칭송을 받는다. 나의 문은 닫힘으로써 비로소 생명을 얻는다.

문틈

거기에 문이 하나 있었다
거기서 엷은 햇살은 핏기를 잃었다
집적대는 바람결에 조금씩 틈바귀가 열리고
넋새 되어 떠돌던 영혼의 잔상(殘像)이
검은 먹지에 생의 밑그림을 그리며
부식되어가는 문고리 잡고 무진장 아우성쳤다

무말랭이처럼 바짝 마른 생의 한 조각이
악착같이 그림자에 달라붙어
저벅저벅 존재의 경계선을 넘는다
실오라기 하나 가림 없는 하루의 나상(裸像)이
부레옥잠처럼 수면 위로 떠올라
단단히 옹이 박힌 일상의 턱에 서서
방아깨비같이 절박하게 문을 두드린다

생의 밑 조각을 맞추기 위해
얄팍한 빛살에도 골목은 더운 숨 몰아쉬고
내면 깊숙이 숨겨진 욕망 하나
다물어지지 않는 부리 세워
문틈 사이로 떨어지는 햇살을 쪼아댄다.

하루 종일 가장 바쁜 문은 화장실에 있다. 겨울 북한산행, 하산길에 갑자기 배가 아파왔다. 뱃속의 반란이 주도하는 불규칙적 파열음은 몹시 급박하고 고통스러웠다. 숨이 차 당도했지만 화장실 문마다 모두 굳게 닫혀있었다. 문을 밀치다 안 되어 재빠르게 반대편에 있는 여자 화장실로 뛰어들었다. 문 하나가 살포시 열려있었다. 아, 이 얼마나 고마운 하늘의 은총이고 신의 따뜻한 배려인가. 천만다행으로 급한 용무는 해결했으나 정작 곤혹스러운 일은 그다음에 벌어졌다. 하산하던 여인들이 우르르 화장실로 몰려든 것이다. 그녀들은 아무 경계심 없이 대화와 행동이 자유로웠다. 나는 그저 비좁은 화장실에 감금되어 숨죽인 채 돌발적 상황이 해소되기만을 고대할 수밖에 없었다. 그것은 참으로 한심하고 초라한 일이었다.

여인들의 머무름은 길었다. 수차례 내가 들어 있는 문에 손기척도 해왔다. 견디고 견디다 할 수 없이 작심하고 문을 열었다. 그토록 시끄럽던 화장실이 극도의 놀람으로 한순간에 쥐 죽은 듯이 고요해졌다. 정적은 길고 무거웠다. 아무래도 이상하다 싶어 다시 남자 화장실에 들렀다. 문을 밀치다 안 되어 잡아당기니 제풀에 스르르 열렸다. 관습은 실로 무서운 것이었다. 평소 습관적으로 문을 밀고 들어가다 보니 잡아당겨야 하는 문이 있다는 걸 망각한 것이다. 무의식중에 고착화된 관습은 위급한 순간의 응용에 취약하다. 고정관념은 문 앞에서 지극히 위험하다.

문은 선(線)이다. 새로운 영역을 개척하려면 과감히 선을 넘어야 한다. 신새벽은 어둠의 선을 넘어 탄생하고 새 아침 태양은 산과 바다의 선을 넘어 떠오른다. 세상의 모든 동체(動體)는 저마다 고유한 문을 가지고 있다. 그 문의 선을 넘어야 생명체는 비로소 활기찬 동력을 얻는다.

문

여닫으며 생이 분화했다
돌쩌귀 파열음에 파득 놀라기도 하고
높은 문지방 걸려 꽈당 넘어지기도 했다
가슴 아리게 땀방울 솜솜 뿌린 일상이
바람 젖은 빈곤의 뜨락을 넘나들고
음영 짙은 시공(時空)의 알집이
문턱 너머에서 고통스런 시간을 분만했다
칼끝처럼 날이 서서 삐걱거리는 소음
그 소용돌이의 중심을 차고 올라
느리게 문이 열리던 날 그 여인을 만났고
가쁘게 문이 닫히던 날 그 여인과 헤어졌다

허공에 솟아오른 달이 연꽃처럼 피어나면
그리움 저편에서 물안개 자욱이 지피고
미처 뛰어들지 못한 발자국이 문간에서 주춤거린다
투박하게 닳은 남도 소리 사설처럼
아련한 추억이 서녘 난간에서 대롱대고
그리운 여인이 서서히 문을 닫고 있다.

열다섯째 마루

둥지

서쪽 하늘이 벌겋게 꽃물 든다. 엷은 구름이 부스러진 태양의 가장자리에서 물결친다. 태양은 비록 노쇠해졌으나 아직 뉘 한 톨 없이 찬연하다. 채색구름 한 자락이 흘러가다 서산마루에 걸려 주춤댄다. 서산이 일시에 들불처럼 검붉게 타오른다. 채색구름의 화폭 속으로 한 무리 새 떼가 날아간다. 어둠이 내리기 전에 서둘러 둥지를 찾아가는 길이리라.

고향 정경을 상징하는 부제물(副題物) 중 하나는 높은 나뭇가지에 걸린 까치둥지였다. 미루나무에 지어진 까치집은 고향 녘 그리운 정경의 한 장면이다. 까치는 대단히 뛰어난 건축 전문가이다. 작은 나뭇가지를 얼기설기 엇나가게 엮은 까치집은 매우 견고하다. 아무리 태풍이 몰아쳐도 흔들릴 뿐 결코 부서지지 않는다. 드높은 나뭇가지에 덩그러니 얹혀있는 까치집은 고적하고 외롭다. 새끼를 치고 나간 둥지의 고요는 태산만큼 무겁다.

요즘, 날지 못하는 까치가 많아졌다. 민통선에서 만난 까치도 그랬다. 풍부한 먹이로 인해 살이 통통히 올라 어기적거리며 먹이를 쪼아대고 있었다. 비만으로 높이 날지 못하는 까치는 결국 날개 퇴화를 겪을 것이다. 그래선지 이제는 시골에서도 공중에 덩그러니 놓인 까치집을 발견하기 어렵다. 시골의 정겹고 낭만어린 정경 하나가 소멸된 것이다.

뻐꾸기 울음은 공허하다. 둥지를 틀지 않기 때문에 더욱 그럴 게다. 뻐꾸기의 탁란은 순간의 틈새를 비집고 이루어진다. 뻐꾸기알은 숙주(宿主)의 알과 빛깔도 문양도 매우 흡사하다. 뻐꾸기의 탁란은 철새가 생존하기 위한 숙명적 선택이기도 하다. 장거리를 날아와 짧게 머물고 남쪽 지방으로 다시 날아가기 때문에 둥지를 틀고 알을 낳아 새끼를 기를 여유가 없는 것이다. 장거리 이동에 많은 힘을 소진하기 때문에 둥지를 지을 만큼 충분한 여력을 비축할 수 없기도 하다. 그러기에 뻐꾸기의 탁란은 생존을 위한 불가피한 숙명적 관행으로 인식되기도 한다.

뻐꾸기의 탁란은 텃새나 철새둥지를 이용한다. 이런 행태는 다른 새의 개체수가 무한히 증가하는 것을 방지하여 생태계를 조절하는 역할을 한다. 뻐꾸기의 탁란을 맡은 새도 번식에 제한을 받기는 하나, 뻐꾸기가 떠난 후 다시 알을 낳아 번식하므로 개체수 유지에는 별 어려움이 없는 것으로 알려졌다. 뻐꾸기의 탁란은 나름대로 생태계의 종을 다양화시키는 긍정적 측면도 지니고 있다.

나는 뻐꾸기의 관습을 인지한 후 성선설을 신뢰하지 않기로 했다. 뻐꾸기 새끼가 알에서 부화하자마자 붉은머리오목눈이 새끼를 둥지 밖으로 밀쳐내 죽이는 장면은 너무도 끔찍했다. 도덕 사상의 기초가 되는 인간성에 대해 맹자는 성선설을, 순자는 성악설을 주장했다. 인간 본성은 원래 선한 것인데 이 본성에 악이 생기는 것은 인간이 외물(外物)에 유혹되기 때문이라는 주장이 성선설이다. 반면에 인간의 성(性)은 본래 악한 것이고 선은 인위적인 것이라는 설이 성악설이다. 나는 뻐꾸기 새끼가 자신의 독단적 생존을 위해 본능적으로 남을 사지에 몰아넣는 비열한 행위를 보고 후자를 더 신봉하기로 했다.

새

이제, 나랠 접는다
거기서 깃털 한 줌쯤 빠져도 좋으리라
해 지면 달빛 안고, 달 지면 햇빛 안고
극한적 인내와 포용으로
설움과 아픔을 내려놓고
미련과 회한도 저만치 밀쳐놓는다
뜨겁게 부풀어 오른 시간의 여울에서
가슴에 멍울처럼 박힌 멍에 자국 씻으며
웅크린 수직의 계곡을 가로질러왔다

둥지에서 생명의 소리가 들려온다
따끔따끔 솔쐐기에 찔리기도 하고
날름거리는 뱀의 사악한 혀도 느껴보고
지긋지긋한 매미 울음도 참아냈다
추락한 바람의 운율이 으스스 떨며
어둠의 밑바닥을 할퀼 때까지
얼룩덜룩한 사연 가슴 가득 품어 안고
치열히 한세상의 심연을 살아왔다

이제야, 밤새 낭자하던 폭풍우 지나고
햇살 한 무더기 가만히 둥지에 기대온다
참, 다사롭다.

둥지는 어머니의 품이다. 먼 하늘을 날아온 새가 둥지에 들어 휴식을 취한다. 둥지는 무시로 찾아드는 생명체를 안아서 따뜻이 품어준다. 둥지는 결코 찾아드는 생명체를 가려 차별하지 않는다.

둥지에서 뻐꾸기 새끼가 울어댄다. 오늘도 먹이 사냥에 나선 붉은머리오목눈이의 날갯짓은 부산하다. 남의 새끼를 키우느라 연일 등골이 휜다. 이미 뻐꾸기 새끼가 자신보다 훨씬 더 크게 자랐는데도 도무지 상대를 의심하려 들지 않는다. 새끼에게 먹이를 주기 위해 자기 몸의 절반 가까이를 뻐꾸기 새끼 입속에 들이밀어야 하는데도 이 녀석은 혈통에 대해 한 치의 의심도 없다. 모든 꽃이 다 아름답지 않듯 새끼의 모든 행위가 다 귀엽지 않을 텐데도 전혀 흔들리지 않는다. 그러기에 오늘도 둥지의 하루는 부산하고 양육의 비극과 아픔도 지속된다.

붉은머리오목눈이 둥지 부근에서 뻐꾸기가 울어댄다. 새끼를 찾아와 보내는 교감의 신호이다. 비록 남의 둥지에 위탁하고 있지만 뻐꾸기는 자기 새끼를 잊지 않고 있었던 것이다. 뻐꾸기는 이내 성장한 새끼를 데리고 또 한 생을 위해 남녘으로 날아갈 것이다. 그리고 다음 해에도 이 강산에서 비극적이고 희극적인 엉터리 양육은 지속될 것이다. 하지만, 그나마 뻐꾸기 울음조차 없다면 이 세상은 또 얼마나 삭막하랴. 뻐꾸기의 습성은 얄밉지만 그의 울음은 아름다운 노랫말로 들리니 이를 어이하랴. 골 깊은 강산에서 환청으로 들려오는 뻐꾸기 울음소리가 자꾸만 공허하고 적막한 마음을 들뜨게 한다.

연말이다. 둥지가 그립다. 둥지의 포근함과 정겨움이 그립다. 둥지의 온기와 포용이 그립다. 이제 서둘러 둥지로 돌아가야겠다. 그곳이 비록 뻐꾸기가 호시탐탐 기회를 엿보는 붉은머리오목눈이의 둥지라 해도.

빼꾸기

……… 왜 그렇게
두 눈 부릅뜨고 날 보우?

젠장,
나만 그러는 게 아니잖우!

비움과 채움

그것은 완벽한 여백이었다
원래, 백설처럼 순백한 공간이었다

존재하면서 본능적 탐욕이 팽배했다
여백은 채울수록 빈곤해졌다
어둡고 바닥 깊은 묘혈(墓穴)은
가득 채울수록 더 큰 구멍이 숭숭했다
원시적 욕구는 늘 허기져서 충만을 지향했다
온전히 채워도 채워지지 않는 묘혈이
불룩한 큰 배를 들이밀고
탐욕을 충족하려 덤벼들었다
욕망이 이글대는 목구멍은 늘 굶주려 있었다

비울수록 홀가분한 안락이 충만했다
비움은 극한적 인내로 충족을 도려내는 일이다
도려낼수록 헐겁고 가벼워진다
헐거움은 여백으로 회귀하는 순정한 몸짓이다

미처 다 비우지 못했는데 벌써 곤궁해진다
또다시 채움의 욕구가 스멀거린다
비우는 건 무척 힘겨운 일이고
그걸 유지하는 건 더한층 어려운 일이다.

제4부

실존과 성찰, 그리고 무상

피고 지는 것은 모두 다 서럽다
일생에 단 한 번 울고 죽는다는 전설 속 가시나무새처럼
소용돌이치는 오열을 고이 접어 저장하고 바람이 물결을 만드는 시간 위에서
나는 눈을 뜨고 날마다 죽는다.

설렁설렁 바닷바람이 불어온다. 새벽 바다를 한껏 머금은 통통배가 소금에 절여진 비릿한 생선 내음을 선창에 흩뿌린다. 새로이 여명이 돋고 포구가 깨어난다. 간밤의 잠결을 털어낸 포구는 가쁜 숨으로 그렇게 새로운 하루를 빚는다.
새벽 포구는 분주하다. 밤새 바다를 일구고 돌아오는 뱃사람을 반갑게 맞아들이고, 새벽 바다를 일구러 나가는 뱃사람을 따뜻이 전송한다. 그들의 숨결을 비집고 들어선 새벽바람이 다채로운 형상으로 바닷가에다 진솔히 삶의 문양을 조각한다. 그것은 생의 고뇌이고 갈등이며 고된 일상의 숨결이다.
한때, 바다는 동경이고 꿈이었다. 청소년기에 바다는 온통 내 가슴에서 열꽃으로 피어났다. 그러나 그뿐이었다. 바다는 종래 내 가슴 밖에다 씨앗을 뿌리지 못했다. 그런 아쉬움으로 인해 나는 지금 바다라는 언어 앞에서 뜨겁고 공손하고 겸허해진다. 비록 내 꿈은 미완의 색채로 시들고 말았지만, 지금도 바다는 무한하고 웅대하며 신비로운 실체로 내 영혼 깊이 존재한다.

열여섯째 마루

눈

숭고하다. 장엄하다. 순결하다. 밤새 온 누리는 그렇게 개벽되었다. 티 없는 순백의 대지, 그것은 가히 혁명적 세계였다. 태양이 떠오르자 혁명의 깃발은 더욱 찬란했다. 신새벽, 눈길을 뚫고 퇴근해온 아버지는 대뜸 헛간에서 눈가래부터 챙겼다. 서둘러 등교 준비를 하는 나를 위해서이다. 아버지는 자식이 가야 할 길을 위해 방금 자신이 딛고 온 눈길을 거두기 시작했다.

첫눈치고는 엄청 푸짐했다. 백설기 같기도 하고 옥양목 같기도 한 눈발이 정강이를 덮었다. 아버지는 거기에 눈가래로 새 길을 만들어갔다. 한없이 민망하고 송구한 길이었다. 한없이 감사하고 미안한 길이었다. 눈길에는 조금 전에 귀가한 아버지의 외줄기 발자국과 자전거 바큇자국이 선명하게 박혀있었다. 가난을 털어내려는 강한 의지가 담긴 아버지의 고난 어린 흔적이었다. 그 길에 한없이 엄중하고 진지하며 짐스러운 아버지의 숨과 땀이 뿌려지고 있었다.

아버지의 눈가래는 경이로운 근력으로 눈덩이를 밀쳐냈다. 아버지는 그렇게 전력으로 자식의 길을 위해 자신의 흔적을 지워갔다. 눈가래질에 따라 눈 속 깊이 박혀있는 아버지의 발자국과 자전거 흔적이 말끔히 사라져갔다. 외로워 보이고 황량해 보이는 자국이었다. 슬퍼 보이고 지쳐 보이는 자국이었다. 그것은 헌신과 자애와 희생의 자국이었다.

눈송이

흔적 없이 투명하게 망각되려
허공에서 쓸쓸하고 고요한 숨결로
목화송이처럼 또록또록 피어나는
저 애잔한 겨울 꽃송이

청초하기에 슬픈 환희의 축제로
고요하기에 아픈 숨결의 성음으로
순연하기에 아린 비애의 울림으로
말랑하기에 애틋한 희생의 상흔으로
가슴 한가득 일렁이는 정결한 회한

모두가 떠난 고적한 자리
무성한 여백의 밀원(蜜源)이 숲을 이루고
어른대는 그 날들이 파동으로 술렁인다
순백으로 여과된 순연한 바람 타고
펄펄 날아드는 빠끔한 그리움

청동거울처럼 깊은 애상의 심연에서
한바탕 꽃불로 일어서는 순결한 음표
이제, 꽁꽁 언 손에 울음소리만 잡히고
하얗게 헹궈서 펼쳐 놓은 옥양목 한 필
둥근 피안에서 부활의 몸짓에 휘감긴다.

모든 생명체가 활동을 정지한 정태적 시간에 눈길을 걷는 것 자체가 이미 신선한 삶의 확인이었다. 옷자락을 물고 뽀드득거리며 따라오는 발자국 소리에 익숙해질수록 여인의 손은 점차 온기를 잃어가고 있었다. 산길을 벗어나 개 짖는 마을에 들어서서야 비로소 파도 소리가 분명한 음색으로 다가왔다. 그곳에선 어둠의 정적이 바다 깊이 침잠하고, 그 어둠 속에 발현한 바다가 몹시 성나 있었다. 바다는 광란의 몸짓으로 눈 덮인 모래사장에 응어리진 울혈을 한껏 토악질하고 있었다. 바다는 그렇게 펄펄 끓고 있었다.

눈길이 스르르 바다에 미끄러진 곳에서 뭇별을 목마 태운 파도가 신들린 무녀처럼 너울너울 춤을 추고 있었다. 망연히 어둠에 사로잡힌 바다를 응시하고 있던 여인의 눈망울에 짙은 물안개가 일고, 바람에 내맡겨진 좁은 어깨는 가느다랗게 떨고 있었다. 우리는 가장 순박하고 진솔한 자연 속에서 가장 견고한 침묵으로 점차 이별을 사실화하고 있었다. 완벽히 공유할 수 없이 탈골된 의식과 감정이 두 개의 바퀴를 헛돌게 한 결과였다. 멀리 이슥한 하현달 가장자리에서 길게 한 획을 그으며 떨어지는 운석이 망연히 바다에 잠기고 있었다.

그때, 바다는 우악스런 몸짓으로 드높이 깃을 세우고 날뛰어댔다. 소금에 절인 바다는 오래도록 격동적인 몸짓으로 자아 존재의 가치와 위력을 자축하고 있었다. 멀리서 파랑을 스쳐오는 겨울바람이 그토록 모질고 혹독하게 느껴진 것은 비단 추위 때문만은 아니었다. 이별 여행의 뒤안길에서 묵묵히 바다를 응시하던 여인의 눈망울이 촉촉이 젖어 들 무렵, 물에 젖은 뭇별들이 더욱 시리게 가슴을 저며 왔다. 세상은 바다와 뭇별과 달빛이 꽉 들어찬 만삭(滿朔)이 되어 아직 몸을 풀지 못하고 있었다.

그날 밤, 우리는 다시 해변의 눈길을 거닐었다. 초저녁의 바다는 새벽녘의 바다와는 사뭇 달랐다. 잔잔해진 해면으로 하늘의 보석들이 알알이 들어와 박히고, 쪽배를 타고 달려온 달빛은 오붓이 가슴 한가득 하얗게 꽃송이로 피어났다. 촛대바위 곁에서 등대 하나가 외로이 깜박이자 그 주위로 뭇별들의 입자가 쏟아지며 현란한 밤의 축제가 시작되었다. 초대받지 않은 손님이 되어 그 황홀한 정경의 축제에 매료되어 있으면서도 우리 가슴은 점차 시려지고 있었다. 그것이 우리가 나란히 서서 바다를 응시하는 마지막 기회가 될 것임을 알고 있었기 때문이다. 가슴이 시려질수록 자연의 축제는 더욱 황홀히 빛났다.

긴 머리칼 흩날리는 바람결이 파란 슬픔에 젖어 요동치고, 돌아보며 배시시 미소 짓는 여인의 웃음이 바다보다 짙은 애수를 머금었다. 이제 지난날 둘이서 수많은 색깔과 형상으로 수놓았던 화판과 그 화판의 아름다운 이야기를 회수할 시간이다. 가슴에서 감미롭게 생동적으로 출렁이던 회한과 추억도 모두 거두어야 할 시간이다. 지난날의 수많은 사연들을 쓸어가는 겨울 바다의 울음소리가 드높아지자 우리 가슴도 드높은 파도 등성이로 떠밀려가며 출렁대기 시작했다. 점차 동적으로 변화하며 경련을 반복하는 여인의 어깨에 무리 지어 희끄무레한 달무리가 내려앉았다. 어둠의 점액이 연신 여인의 깊은 볼우물에서 출렁이는 슬픔을 퍼내고 있었다.

그때, 밀도 높은 어둠의 화선지에 빼곡히 박힌 뭇별들이 초록빛을 투사하기 시작했다. 별빛이 시려질수록 파도 등성이도 드높아졌다. 구름을 헤치고 나온 새하얀 달빛이 파도 등성이에서 무동을 탄 채 뛰어놀고 있었다. 여인의 귓불 끝에서 한들거리는 귀걸이에 가만히 내려앉은 샛별 하나가 유난히 반짝였다. 바다가 온통 눈물에 젖어 흐느끼고 있었다.

이별, 그 날

그것은 구겨진 애증의 파열음이다
그것은 난파한 통증의 단말마(斷末魔)이다
여백 열고 들어 퍼렇게 돌기하는
할퀴고 상처 난 멍울 자국들
절망의 무늬 유서처럼 보듬어 안고
뿌리 검은 날들이
젖은 날개 퍼덕이며 날아오른다

묘목 같은 정념들이 맥놀이로 파동치고
바람에 쓸려간 낙조 꼬리에서
하루치 내 죄는 몇 겹의 표백을 포기한다
지번도 없는 빈곤의 뜨락엔
야생에 웃자란 애절한 숨결의 탄식 소리
아찔하게 눈부신 새하얀 무명천 두르고
붉은 울음의 관이 수직으로 박힌다

세상에 피고 지는 것은 모두 다 서럽다
일생에 단 한 번 울고 죽는다는
전설 속 가시나무새처럼
소용돌이치는 오열을 고이 접어 가슴에 묻고
바람이 물결을 만드는 시간 위에서
나는 눈을 뜨고 날마다 죽는다.

열일곱째 마루

장터

역시 시끌벅적해야 제격이다. 발 디딜 틈 없이 꽉 들어차야 어울린다. 그곳은 으레 그래왔고 또 그래야 한다. 화려하지 않으나 푸근하고 정겹다. 소박하고 소탈하나 남루하지 않다. 그곳엔 덤과 에누리의 생활 미학이 있다. 인심 좋게 수북이 얹어주기도 하고 매정하게 깎아대기도 한다. 실랑이 벌이며 얼굴 붉히기 일쑤이다. 친절을 작위적으로 포장하여 상품으로 판매하지 않는다. 그곳에선 단돈 몇 푼이 아주 소중하고 가치 있는 의미로 소통된다.

장터는 담백하고 수수하다. 진솔하고 검박하며 생기 차다. 장터는 어우러짐과 소통의 광장이다. 그리고 그런 점이 장터의 본질적 매력이다. 장터엔 서민의 질펀한 삶이 있고 훈훈한 정감이 있다. 장돌뱅이의 떠돌이 삶에 대한 애환과 서글픔이 있다. 장터에 가면 특별히 살 게 없으면서도 꼭 무언가를 사게 된다.

나는 이따금씩 장터에 들러 시끄러운 소음에 묻히길 즐긴다. 장터의 소음은 산만하나 편안하고 안락하다. 삶을 치열히 사는 사람들의 진솔한 체취가 배어있어 그럴 게다. 나에게 장터는 사유와 회억의 공간이다. 장터는 메마른 삶의 동력이 되기도 하고 질식할 듯이 갑갑한 일상의 숨결을 트는 공간이기도 하다. 장터는 어스름을 헤치는 발길의 행로와 방향을 제시해 준다. 장터는 온전한 쉼표이다. 그러기에 나는 장터가 좋다.

시골 장터

없는 것 빼고 있는 것 죄다 있는 난장
가파른 비탈 몇 개 젊어지고 당도하면
차일 사이로 젖니처럼 빠끔한 햇살 돋고
닷새가 생선처럼 팔딱 뛰어오르는 생기 찬 마당

닭 한 마리 달걀 한 꾸러미 들고
반나절이나 터벅터벅 걸어와
막걸리 한 사발로 묵은 정회 푸는
외진 산골 촌로(村老)처럼
시골 장터는 그렇게 무심히 들르는 곳
무심히 들러 만나고 어우러져 푸근해지며
바짝 마른 앙가슴을 풀어놓는 곳

질퍽한 난장의 소음 따라
사부작사부작 장마당 돌다가
장국밥집 들러 허기진 속 채우고
꼬깃꼬깃 속주머니에 여며둔 쌈짓돈 털어
검버섯 핀 할미 동동구루무 사 들고
길섶 맨드라미 꽃대처럼 환해지는

장터는 그렇게 피어나는 곳
장터는 그렇게 풀어지는 곳.

요즘, 전통시장의 진화속도가 무척 빨라졌다. 비바람막이와 주차시설 등 사람들의 발걸음을 주춤거리게 했던 불편하고 조악한 환경의 변신에 전력하고 있다. 백화점과 대형마트의 이미지인 편리성과 편의성에 뒤지지 않으려는 생존전략의 치열한 몸부림이다. 하지만 여전히 접근성이 용이하고 물량 공세가 많은 특성에 따라 전통시장을 외면한 발걸음을 되돌리는 데는 한계를 지닌다.

내게 장터는 고향과 더불어 짙은 향수로 잠재한다. 의식 속에 상존하는 원형질의 장터는 이제 아득한 추억의 정경이 되었다. 임시로 설치한 가건물에 비바람막이도 없이 차일이 바람에 펄럭이는 옛날의 시골 장터, 내 망막에는 그런 장터가 그리움의 영상으로 보관되어 있다. 그러기에 나는 진화의 개념 없이 화석처럼 고착된 예전의 시골 장터에 대한 미련이 진하다. 시골에선 장날이 곧 대목날이었다. 명절이 다가올 때면 그 정황이 더욱 극심했다. 오일장날에는 사람들이 인근 각지에서 몰려와 발 디딜 틈 없이 북적댔다. 장날은 모처럼 물건도 사고 사람 구경도 하는 축제 같은 날이었다.

꼬마 시절, 엄마 따라 그런 난장(亂場)에 갔었다. 검정 고무신을 사기 위해서였다. 장터 나들이 며칠 전, 동네에 아이스케이크 장수가 왔었다. 고샅을 오르내리며 아저씨가 내지르는 칼칼한 외침으로 온 동네가 술렁댔다. 아저씨는 어느 물건이나 케이크와 맞바꿔 주었다. 나는 궁리 끝에 아이스케이크와 바꾸어 먹기 위해 새 고무신을 시멘트 바닥에다 마구 문질러 구멍을 냈다. 아저씨가 새 고무신은 받아주지 않기 때문이다. 그렇게 해서 사든 아이스케이크는 아깝게도 막대에서 절반 가까이나 질질 녹아내리기 일쑤였다.

어머니 숨소리가 점차 가빠지고 있었다. 머리에 햇곡식을 담은 보퉁이를 이고, 한 손으론 장닭 두 마리를 묶어 든 채 발걸음을 재촉했다. 나는 새 고무신을 사러 장터로 나들이한다는 사실만으로도 이미 신바람이 나 있었다. 들길에선 이따금씩 쟁기질을 하거나 한가로이 풀 뜯는 소 울음소리와 바람결에 벼 부딪는 소리가 들려왔다. 산길을 지날 때는 바람결에 공중을 날아오르는 종달새 소리와 딱따구리 나무 구멍 파는 소리가 들려왔다. 읍내 장터까지 십 리 길은 줄곧 그렇게 갖가지 생명체의 질박한 소리들로 이어졌고 걸음 따라 주위 풍경도 확연히 달라졌다.

장터는 이미 성시(盛市)를 이루고 있었다. 시장은 각기 개성적인 소리의 파장으로 몹시 소란스러웠다. 엿장수의 신명 난 가위질 소리가 있었고, 등에 멘 큰 북과 꽹과리와 장구를 치는 동동구루무 장수의 신묘한 재간이 있었다. 요란스레 분장하고 신바람 나게 판놀음을 펼치는 각설이의 재담과 뽕짝 가요도 있었고 장구통처럼 생긴 쇠통에 불을 지펴 고막을 찢어대는 뻥튀기 소리도 있었다. 그 주파수와 음계가 다른 각종 소리들이 서로 뒤엉켜 소란스러운 장터 특유의 소음을 만들어내고 있었다. 나는 어머니의 손길에 이끌려 장터를 몇 바퀴 돈 후에야 검정 고무신을 살 수 있었다. 나는 그 고무신을 보물처럼 가슴에 안고 살가운 걸음으로 집에 돌아왔다.

옛 추억이 오롯이 담겨있는 소박한 시골 장터, 지난 역사가 붙박이처럼 자리한 그곳에는 푸근한 인심과 세상살이의 따스한 이야기가 설화처럼 지펴있다. 장터에는 살지게 살아가는 서민들의 진솔하고 투박한 이야기가 널려있다. 멀리서 산 넘고 물 건너온 촌로의 허름한 보퉁이와 억척스럽게 가정을 건사하느라 손발 부르튼 부녀자의 보따리가 스스럼없이 풀어진다. 그곳에서는 꽁꽁 묶여 동여매진 내 속내도 제풀에 스르르 풀어진다. 나는 장터에서 무한한 편안함과 안락감을 갖는다. 장터는 내가 한량없이 풀어지는 곳이다.

장날

추억에 담가진 바람이 몰고 가는
절대적인 시간의 그곳
종종거리던 족적이 환영처럼 부활하고
흑백필름 한 장면 감기다 끊긴 아린 자국
거기서 검붉은 노을 한 점 찬연히 타오른다

장터는 마침표 없는 곡선의 연결체이다
고목나무처럼 밑동 파인 흔적이
세월의 부피만큼 뿌리내리고
하루가 도식적인 일상 사이에 꼭 끼어든다
푸성귀 한 무더기가 할머니와 함께 메말라갈 때
큼지막한 보퉁이를 머리에 인 어머니가
산등성이 넘어 장마당을 돌아가고
종래, 그곳은 백과사전 안쪽에 낙관으로 찍힌다

옛 추억 한 소절 장바구니에 챙겨
소담한 것들이 웅성대는 난장에 펼친다
발걸음이 남도해역 미역 줄기처럼 늘어지고
거기서, 척척 몸에 감겨드는 살가운 바람 소리
그 촉촉한 향 내음 숨결처럼 덮쳐와
차마 어쩌지 못하고
오늘도, 하릴없이 뱅글뱅글 곡선 따라 돈다.

열여덟째 마루

풍경

남녘에 봄이 움트고 있다. 겨우내 겹겹이 둘렀던 칙칙한 암회색 외투를 벗고 이파리마다 연초록 날개를 단다. 봄은 겨울의 끝자락에서 태동하여 남녘 바다를 달려와 내륙에 터를 잡는다. 제일 먼저 제주의 유채꽃밭이 노란 물결로 술렁인다. 모름지기 대궁은 잎이 튼실해야 꽃도 싱싱하다. 봄의 화원은 원색으로 흐드러지는 화려한 색채의 제전(祭典)이다.

봄은 저절로 도래하지 않는다. 계절의 순환이 봄을 잉태하지만, 이는 한겨울에도 온 정성으로 봄을 가꾸는 집요한 인내에 의해 생성된다. 겨울이 지니는 회색빛 음영에 투영된 정서는 우울하다. 봄은 동토의 극한적인 추위를 극복하고 탄생한다. 봄은 꽁꽁 언 얼음장 밑에서 온다.

유채꽃밭에 연하여 펼쳐진 산기슭 다랑이 밭에서 밭갈이가 한창이다. 바다에서 솟는 해를 이마로 떠받치며 할멈과 할배가 쟁기질을 한다. 비탈밭은 경사면 아래로 드넓게 쑥물 든 바다를 펼쳐놓고 낮은 시선으로 굽어본다. 동토에 팽배하던 눈보라를 떨쳐낸 해안가 다랑이 밭의 봄 햇살이 적이 포근하다. 가닥으로 풀어진 햇살이 밭이랑을 밟으며 생선점 어물처럼 파닥파닥 뛰어댄다. 햇살의 꼬리지느러미까지 싱싱하기 이를 데 없다. 봄은 소생으로 근본을 짓고 가꿈으로 맥을 잇는 주체이다.

봄의 정경

봄이 오는 남녘 기슭
다랑이 밭 일구는 노부부

할멈은 앞에서 쟁기 끌고
할배는 뒤에서 쟁기 민다

할멈은 할배 생각에
쟁기 줄 힘껏 잡아당기고

할배는 할멈 생각에
쟁기 손잡이 힘껏 밀어댄다

유채꽃 망울진 비탈
쟁기 보습으로 들추는 봄

팽팽해졌다가 낭창거리고
낭창거리다가 팽팽해지는

쟁기 줄
푸근하고 아늑한 봄의 정경.

바다는 어머니의 자궁이다. 봇물처럼 터지는 동녘 햇살이 서서히 어머니의 자궁을 연다. 거친 숨으로 해원에서 바다를 끌어온 파랑이 해안에 이르러 명주실처럼 하얀 가닥으로 풀어진다. 양수의 끝자락이 목구멍 깊숙이 갯바위를 한껏 머금었다가 뱉어낸다. 검푸른 이마에 맺힌 송골송골한 땀방울이 옥양목처럼 새하얗다.

멸치가 어머니의 자궁 속을 헤엄친다. 봄의 첨병들이 가쁘게 춤을 춘다 짙푸른 청정 남해바다, 멸치 떼의 군무가 현란하다. 검푸른 물살을 가르며 펼치는 신비로운 은빛 무희들의 춤사위이다. 멸치의 춤은 살아 생존하기 위해 추는 절박한 집단 무용이다. 군무(群舞)를 추다가 상처 입거나 무리를 이탈했다가는 단번에 황천길이다. 철저히 뭉쳐야 하고 집요하게 안으로 파고들어야 사는 필사의 춤이다. 멸치의 군무는 생사가 걸린 비애의 춤이기에 그만큼 처절하고 비장하다. 멸치의 환상적인 춤은 강한 포식자의 올가미를 벗어나기 위한 역설적 유희이기도 하다. 이는 먹이사슬 체계의 하위에 위치한 약자가 추어야 하는 지독히도 서럽고 슬픈 춤이다. 멸치는 죽음으로 춤을 춘다.

달빛 시린 수면 아래에서 은빛 갈치가 멸치 사냥을 준비한다. 멸치가 낌새를 채고 재빠르게 뭉쳐 춤사위를 몰아간다. 사냥꾼의 정신을 혼절시키려는 멸치 떼의 필사적인 춤이다. 숨 가쁜 춤에 바다가 술렁인다. 갈치가 몸을 곧추세워 꼿꼿이 곤두선다. 수많은 칼들이 시퍼렇게 날을 세우고 수면 향해 수직으로 각을 세운다. 멸치를 낚아채기 직전의 공격 자세이다. 멸치가 더욱 빠르게 군무를 몰아간다. 갈치가 일제히 멸치 떼를 공격한다. 사냥할 때 갈치는 전광석화처럼 빠르다. 누군가는 죽어야 하고 누군가는 그 주검을 먹고 살아가는 바다의 생리이다. 파도 더미 속에서 일어나는 생과 사의 섬뜩한 이야기가 불후의 장편 서사시를 써간다.

남해지역에서 성행하는 전통적인 어획 수단에는 죽방렴이 있다. 이는 지구상에 현존하는 가장 원시적인 포획방식이다. 죽방렴은 원통형 대나무 발 울타리의 형태를 지닌다. 들물과 날물의 차이가 크고 물살이 거세며 수심이 낮은 곳에 참나무 막대기를 촘촘히 꽂아 만든다. 죽방렴 멸치는 포획방식의 독특한 특징만으로도 유명 특산물로 인정된다.

아마도, 예전에 어머니의 자궁이 저랬을 것이다. 생명을 품은 양수가 저처럼 퍼렇게 멍울져서 아리게 생명을 키웠을 것이다. 어머니는 거칠게 안으로 저미는 고통을 극한적 인고로 극복하고 양수의 물골을 다스리며 생명체에게 자신의 자양분을 공급했을 것이다. 그런 거룩하고 숭고한 사랑에 의해 비로소 하나의 생명은 순조로이 제 숨길을 텄을 것이다. 그리하여 이 땅에 오롯이 한 생명의 울음이 터지고 탯줄이 잘렸을 것이다. 멸치도 그렇게 태어났고 그렇게 자랐을 것이다. 그렇기에 멸치의 생명은 위대하고 경건하다. 멸치의 한 생은 마땅히 존중되어야 한다.

어부들이 포구에서 그물을 털어댄다. 노래 장단에 맞추어 힘차게 그물을 당겨 털어대는 모습이 일사불란하다. 그물코에 박혔던 멸치들이 공중으로 비상한다. 멸치와 바닷물이 함께 뒤섞여 사방으로 튀긴다. 비옷과 장화로 단단히 무장한 어부들의 손놀림이 분주하다. 메기고 받는 곡조의 사설이 푸짐하고 흥겨울수록 은빛 멸치의 공중도약도 더욱 생동적인 모습이 된다. 쪽빛바다를 헤엄치던 멸치는 마지막 순간에 그렇게 하늘을 나는 공중곡예로 생을 마감한다. 세상의 가장 낮은 곳에서 살다가 가장 높은 곳으로 도약하며 마무리 짓는 삶이다. 남해안의 봄은 멸치를 터는 진풍경 속에서 비로소 통통히 여물어간다.

멸치

은파의 날비린내 깃발처럼 치켜들고
아가미 빠끔거리는 날숨으로
파도 날 넘나드는 작은 생명체 하나
내일을 확연히 예약할 수 없기에
언젠가, 화산처럼 터질 해일 더미 딛고
바람의 꽃으로 허공에 비산(飛散)한다

삶의 자리에 죽음을 드리우고
죽음의 자리에 삶을 드리우며
미망(未忘)의 눈길로 마른하늘 붉게 열어제친다
너무도 작기에 무진장 큰 몸체로
진혼곡도 울리지 않는 푸른 건반 위에
봉인 풀린 바다를 한가득 게워놓고
쇠잔한 순간의 나락(奈落)으로 추락해간다

거기서, 오랜 전설처럼
단아하고 순수한 영혼의 몸짓으로
아가미들이 해풍을 돌돌 말아 삼킨다
갈매기 울음소리 꼬들꼬들 말라갈 때
해원은 살 속 깊이 바람의 문양 새겨 넣고
바다가 살아온 오랜 철칙처럼
생명 하나 소멸하고 생명 하나 탄생한다.

풍물놀이

봄이 넉넉히 내려앉은 산자락, 오후의 햇살이 하루치 남은 여분의 잔량을 아낌없이 발갛게 태우고 있다. 기슭으로 불어오는 봄바람이 살랑대며 연신 감각적인 촉감으로 자극해온다. 봄의 색채는 지극히 화사하고 입체적이다. 봄은 확실히 소생의 계절이다.

산이 술렁대고 있다. 소리들이 뒤섞여 소용돌이치며 산기슭을 지배하고 있다. 서울시 안산 자락에 있는 봉원사(奉元寺) 입구, 한국불교 태고종의 본산에 이르는 길은 이미 노인들로 초만원을 이루고 있다. 청명(淸明)절을 맞아 많은 무리의 노인들이 삼삼오오 모여 즐겁게 놀이를 펼치고 있다. 꽹과리를 치는 노인, 장구장단을 치며 창을 부르는 노인, 둘러앉아 손뼉 치며 흘러간 유행가를 부르는 노인, 어깨춤을 추거나 민요 창을 부르는 노인들이 솔밭의 공터를 가득 메우고 있다. 노인들의 놀이는 가끔씩 쉼표를 동반하며 줄기차게 이어져간다. 산자락을 스쳐 가는 봄바람도 덩달아 취한 듯 불그데데하다.

이제 남은 생의 끝자락으로 치닫고 있음을 인지하고 있는 탓이리라. 살아갈 날이 살아온 날보다 훨씬 얄팍함을 알고 있는 탓이리라. 노인들의 놀이에 대한 열정과 집착은 통념적 예상보다 훨씬 질기고 강렬하다. 서녘에 걸린 노을처럼 그 모습이 자꾸 마음을 아리게 한다.

풍물마당

초록이 선율로 굽이치는 산자락
청명한 바람 한 무리 드러눕는 숲에서
온전히 소리의 금실을 뽑아낸다
심장에서 뜨겁게 격동 치며
혈관으로 차오르는 음결의 진액
때로는 오솔길 감미로운 꽃바람 되고
때로는 벼랑바위 우렁찬 폭포수 되는
두드림의 숭고한 미학들
오랜 날 민중이 치열한 삶으로 숙성시킨
웅려한 사물(四物)의 질펀한 함성

오롯이 공명(共鳴) 깊은 해원의
저토록 우람한 원초적 메아리들
태양의 빛살이 전율로 격동 치는
검붉은 타악의 소용돌이
뼈마디 깎는 인고의 시간
해일 같은 수액이 가락 되고
화산 같은 용암이 장단 되어
새날의 환희로 치솟는 불기둥
정갈한 숫돌로 소릿결 갈아
막막하고 메마른 대지를 쓸어가며
어깨춤 신명으로 뜨건 생을 짓는다.

서울시 교사풍물패 '흥시렁' 일행이 놀이 준비에 들어간다. 꽹과리와 장구와 북과 징과 태평소를 연주하는 치배들이다. 산자락 태양은 구름 한 점 없는 하늘의 정수리를 살금살금 비켜가고 있다. 풍물패가 판놀음을 위해 어름굿가락을 연주하자 노인들이 몰려든다. 그토록 시끄럽게 온갖 개체적인 소리들의 소음으로 시끄럽던 산자락이 풍물패 연주가락으로 일시에 통일되어진다. 산이 점차 흥겨운 풍물 소리로 달아오른다.

신명 난 판놀음의 진형놀이는 중단한 지 오래다. 대열에 끼어든 노인들이 곳곳에서 흥겨이 어깨춤을 추는 바람에 대형유지조차 어렵다. 그 바람에 풍물 장단도 오랫동안 굿거리가락에 머물러 진도를 잃고 있다. 치배들은 그저 놀이터를 빙글빙글 돌아가며 같은 장단을 연주할 수밖에 없다. 노인들도 치배를 에워싸고 함께 돌아댄다. 지속된 놀음에도 노인들은 지친 모습을 보이지 않는다. 꼬깃꼬깃 열 겹쯤 접은 파란 지폐를 펼쳐 장구와 북의 숫바줄에 끼워주기도 한다. 너무도 아끼고 아껴 두었던 소중한 용돈이리라. 풍물패를 따라다니며 연신 막걸리를 따라 권하는 노인네도 많다. 삼채가락으로 경쾌하게 가락 넘김을 하고 이채가락으로 장단을 옮아매서 마무리해야 하는데, 갈 길 먼 장단은 줄곧 제자리만 맴돌아댄다.

풍물놀이는 예전에 마을 사람들의 공동체적 회합에서 유래되었다. 이는 지역이나 연주 형태에 따라 농악, 사물놀이를 비롯하여 두레굿, 매구, 풍장 등으로 불리기도 한다. 풍물놀이의 기원설로는 풍농을 기원하는 제의적 의식으로서의 풍농안택 기원설, 음악과 춤, 모금행사 등의 유사점에 기인한 불교 관계설, 진법과 유사한 진형놀이에서 유추한 군악설 등이 있다. 풍물놀이는 선반놀이로 진법 등을 활용하여 다양한 흥취와 신명을 일으키는 놀이이고, 사물놀이는 앉은반놀이로 가락을 맺고 풀어가는 기법으로 서서히 신명을 고조해가는 절제된 놀이라는 점에서 차이를 두고 있기도 하다.

안산 자락에 노인네들이 모여 자체적으로 놀이를 벌인다는 소식이 들려왔다. 노인네들에게 조금이라도 위로가 되는 의미 있는 자리를 마련하기로 의견이 모아졌다. 풍물패가 결국은 원형으로 돌아대는 단조로운 놀이도 포기하고 만다. 치배들마다 노인네들에 둘러싸여 움직이지 못하는 처지가 되었기 때문이다. 치배들은 저마다 외따로 떨어져 각자가 제자리에서 가락을 연주할 수밖에 없다. 서로의 지근거리에서 합주하지 못하는 연주는 무척 고되고 힘겨웠다.

풍물 악기는 모두 자연의 소리를 상징한다. 꽹과리는 천둥, 번개를 뜻하며, 자극적이고 충동적인 소리로 감정을 고조시키는 용도의 악기이다. 장구는 단비를 뜻하는데, 이는 장단을 아름답게 꾸미고 잡아주는 역할을 한다. 북은 구름을 뜻하며, 가락의 대박을 잡아주는 역할을 한다. 북은 가장 오랜 역사를 지니고 있으며 크고 힘차게 연주를 이끄는 중심 역할을 한다. 징은 바람 소리를 뜻하며, 타악기 소리를 폭넓게 감싸고 집단놀이의 흥취를 드높이는 역할을 한다. 소고는 관중이 굿판에 참여하여 대동제로 어우러지는 열린 공간을 만드는 역할을 한다. 태평소는 새납, 호적, 날라리 등으로도 불리는데, 이는 유일하게 음계를 지닌 선율악기이다. 태평소는 선반놀이에서 빠지면 안 되는 중요 악기로서 주로 판놀음의 흥을 고조시키고 신명을 북돋우는 역할을 주도한다.

온몸에서 비 오듯이 땀이 흘러내린다. 꽹과리를 잡은 손이 무게를 감당하지 못하고 바들바들 떨려온다. 산자락이 점차 땅거미에 묻혀간다. 산바람도 한결 소슬해진다. 내 생애에서 가장 버거우면서도 가장 보람찬 꽹과리 연주도 그렇게 서서히 어둠에 묻혀가고 있다. 등성이 너머에서 가만가만 달이 돋는다. 보름달이다.

꽹과리 소리

금빛 파장(波長) 파르르
타오르며 일렁이는 정염의 불꽃
방목된 장단의 살점에
붉은 피 낭자하다

태초의 숨결로 잿빛 연기 날리고
여백을 열고 들어 가락으로 일어서며
무욕으로 태워지는 부활의 몸짓
목화 같은 혼을 살라 불춤 추며
꽃가루로 날리는 음(音)의 비늘들

바람 소리 무심한 사념으로
굿판에 육신 내어주고
무욕으로 비우고 비워내어
빈자(貧者)의 가슴으로 사위어가는
검붉은 불덩이

언젠가, 내 할배와 할배의 할배가
깊고 시린 하늘 아프게 매달고
자르르 쏟아지는 한 시대 그늘진 넋
끙끙 짊어지고 산 고개 넘던
저 서러운 한의 불덩이.

스무째 마루

연꽃

숭고하다. 장엄하다. 그윽하다. 들바람에 가벼이 살랑대는 연꽃이 그러하다. 연녹색 둥근 잎과 색색의 연꽃이 빚어 놓은 한 폭의 수채화에 저절로 탄성이 인다. 분홍빛을 띤 고운 홍련, 순백의 청순한 백련, 수면 위의 소담스러운 수련이 일시에 시선을 앗아간다. 사찰에 이르는 길 어귀, 꼬불꼬불한 논두렁은 한 편의 서정적인 시심을 북돋운다. 방석처럼 연못을 가득 덮은 이파리 사이로 수박만 한 연꽃이 고개를 삐죽 내밀고 사방을 주시한다.

연꽃은 완상하는 이들을 선의 경지에 들게 한다. 연꽃은 눈으로 들여 마음으로 피워내는 꽃이다. 오랜 인고의 세월을 다독여 생성해 온 자연의 산물이기도 하고, 세속에 물든 중생의 마음을 정화하는 불심의 창조물이기도 하다. 연꽃은 고결한 품격과 빼어난 자태로 세상을 환히 밝힌다. 청정하고 은은한 향취로 세인을 감화시키는 신비로운 꽃이기도 하다. 겸허하면서도 소박한 서민적 품성을 지니고 있기에 다가서기에 편안하고 완상하기에 부담스럽지 않다.

연꽃은 질긴 생명력의 꽃이다. 일찍 서둘러 피어난 꽃은 속절없이 내리는 장맛비에 잎이 떨어져 나가는 아픔을 겪는다. 한여름 모진 풍상을 겪으며 비록 겉으로 상처를 입지만 속으로는 연의 본성을 손상 없이 유지한다. 비바람을 피하지 않고 인고의 고통을 안으로 들여 내면화하기에 미덥고 든든하기도 하다.

연은 자연을 정화하고 새 생명을 보듬어 살려낸다. 연 씨는 내구력이 강하여 삼천 년의 세월이 지나서도 발아가 가능하다고 한다. 연뿌리 하나는 일 년에 열두 개까지 번식하는 경이로운 능력을 지녔다. 여름이 되면 연은 진흙 속에 새로이 뿌리를 내려 다음에 태어날 새 생명을 준비한다. 연은 결코 포기하지 않는 질긴 생명력과 왕성한 생존 욕구를 지니고 있다.

연은 진흙 속에 자리하면서도 청결하고 고귀한 식물이다. 더러운 연못에서 깨끗한 꽃을 피운다 하여 예로부터 선비들의 많은 사랑을 받아왔다. 또한 불교에서는 연꽃이 속세의 더러움 속에서 피되 더러움에 물들지 않는 청정함을 지녔다 하여 극락세계를 상징하는 의미로 숭앙 되었다. 연꽃이 종자를 많이 맺는 특성을 들어 민간에서는 다산의 징표로도 삼아왔다. 연잎으로 만든 죽은 정력을 증진시키는데 탁월한 효험이 있다고 한다. 중국 청나라 말기 태평천국을 창시한 홍수전(洪秀全)은 이를 상용함으로써 수백 여인을 거느렸고, 중국 역대 풍류 황제들 중에는 이를 상용하여 쇠약해진 원기를 회복함으로써 정력이 왕성하게 되었다는 이야기가 구전되고 있다.

세상살이에서는 욕심이 없어야 번뇌도 없다. 무욕의 평정한 마음은 무한한 안락과 평화로운 심신을 형성한다. 연꽃을 마음에 들이면 번뇌를 씻은 평정한 마음을 가질 수 있다. 연은 비록 진흙탕에 뿌리를 내리고 있지만 잎과 꽃은 오히려 더욱 청초하다. 속세에 있되 몸과 마음에 세속의 티끌을 묻히지 말라는 숭고한 가르침인 듯하다. 고결한 삶의 경지에 이르기 위해서는 세속의 진흙 속에 몸을 두고 자기희생을 통해 불순물을 정화하는 일이 중요함을 역설하는 듯도 하다. 연꽃은 순박하고 정갈한 삶을 소망하는 서민들에게 그 의미와 가치를 실천적 덕목과 무언의 법리로 일깨워 준다.

연못

전율로 찬연히 빛나는 꽃들의 곳간
장엄한 꽃씨가 신비로이 피어나고
고뇌하는 내 영혼의 정수리에서
유화로 덧칠하는 화필의 마름질이
한 보시기 밤을 뜬눈으로 지샌다

저절로 자란 바람 한 무더기
밤새 비를 만나 후줄근해지고
흔들리는 사념의 중심부가
외진 생애의 보푸라기를 부풀린다
시간으로 피어나는 가녀린 애상곡 한 소절
말라비틀어진 곤궁을 이슬로 씻어낸다

달빛 한 줌 애상에 젖어 밤을 헤매는데
제 몸 다비(茶毘)하여 하늘 다 태운다 해도
저 연못에서 얼마나 더 오욕의 잔해를 퍼내야
나는 꽃그늘 그림자처럼 순연해질까
저 둔덕에서 얼마나 더 궂은 싸락눈 맞아야
나는 들녘 풀 향기처럼 감미로워질까

온유한 꽃바람 향내 그윽하고
연꽃은 만개하여 저리도 흐드러졌는데.

드넓은 연못에는 백련, 홍련과 더불어 다양한 수련이 지천으로 피어있다. 고추잠자리가 날아와 연잎에 앉아 열심히 얼굴을 닦는다. 다른 연잎에는 서로 몸을 포개어 짝짓기를 하고 있는 청개구리 한 쌍이 잠시 휴식을 취하고 있다. 연못에서는 다양한 수서생물들이 터를 잡아 서식하고 있다. 물방개와 소금쟁이와 하루살이 같은 수생곤충들이 연못에 삶의 터전을 마련하고 연꽃과 더불어 살아간다. 마름과 개구리밥과 물달개비와 부레옥잠 같은 물살이 식물들도 연꽃을 이웃하여 자리 잡았다. 연잎과 연꽃이 수면을 촘촘히 덮은 연못은 뭇 생명체들에게 공동체적인 삶의 현장을 제공하며 자연 생태계의 순리를 주도한다. 연못은 뭇 생명체들이 더불어 살아가는 공동체적 삶의 현장이다.

일찍이 우리 선조들은 연꽃같이 소담한 삶을 소망해 왔다. 어지러운 세속에서 순박한 삶을 희원하던 조상들은 상징적 의미로 사찰에 연꽃 문양을 새겨 넣었다. 진흙더미에서 청순한 꽃을 피워내는 연꽃이 부처의 자비와 희생을 닮았기 때문이다. 천년고찰 불갑사의 숭고함은 문창살 연꽃 문양에서 비롯된다. 참식나무와 상사화가 우거진 불갑사의 전설은 미완의 연꽃무늬에 깃들어 있다. 단청이 날아가 본래의 자연적인 나무색을 유지하고 있는 유서 깊은 내소사 문창살도 연꽃 문양의 섬세한 문양이 빼어나다. 신묘한 대웅보전 사찰의 연꽃 문창살에서는 선인들의 지고한 예술혼과 체취가 뭉클하게 느껴진다. 연꽃은 불교예술의 극치이다.

아이들이 연못에서 큼지막한 연잎을 딴다. 연잎에 앉아 무심히 얼굴을 닦던 고추잠자리가 놀라 날아간다. 청개구리도 몸을 섞은 채 황급히 연못에 뛰어든다. 잔잔하고 눈부신 수면에서 연꽃은 더욱 정갈하고 청초하게 자비의 꽃잎을 피워낸다. 연은 불심으로 피우는 중생의 꽃이다.

연꽃

생은 숭고한 부활이다

청정하고 들큼한 연향
한 보시기 풀어놓는 들바람
꽃댕기로 소생하는 향취 진하다
허공 사이로 둥근 피안이 돋아나고
굴절된 인고의 세월 속에서
진흙탕에 발부리 두고서도
우아한 품격의 순수한 의식으로
숭고하게 부활하는 저 찬란한 생장의 불꽃

생은 정결한 환생이다

요람처럼 달빛 안아 키우던 연잎
또르르 구르는 이슬 받아
온유한 심성으로 불순물 걸러낸다
미처 다 삭이지 못하고
명치에 걸려있는 그리움 하나
자비의 몸짓으로 꽃 등잔 밝혀 들고
하늘 밝혀 한 줌 재로 열반하며
정결하게 환생하는 저 불멸의 한 점 광휘.

실존과 성찰

붉은 기운 모아 힘껏 지표 뚫고
구심력으로 솟구치는 저 경이로운 숨결들

예전, 이 땅의 생명체가 그랬던 것처럼
뿌리 깊은 청대처럼 강인하게 버티어 서서
기울어진 세상의 축을 끌어당긴다
조금은 더 바르고 곧으라고
줄곧 휘어지고 엎드리면서도
등뼈 꼿꼿이 대궁으로 곧추선다

때로는 혹독한 한파 들이치고
때로는 거센 비바람 몰아치리라
극한상황과 맞서 싸우다가
우듬지 꺾이고 허리 동강나서
파릇한 생명과 꿈이 좌초되기도 하리라

난 꺾였지만, 더러 극복하는 생명체도 있으리라
영원한 한파와 비바람이 없듯이
딛고 일어나 파릇파릇 숨결 틔우는 존재도 있으리라
그들에 의해 이 세상은 보다 더 해맑아지고
우리의 내일도 한결 더 정의로워지리라
연약하면서도 굳건한 저 생명들이 있기에.

제5부

진동의 숨결, 그리고 전율

소녀와 함께 걷던 길에선 해마다 코스모스 살랑댔습니다
그 향내 그리워 학창 시절 내내 몸살 앓았습니다
코스모스 꽃대 꺾어지고 들바람 모질어도 손바닥 향기는 진득했습니다
굽이굽이 빛결 위로 꽃불이 부서지고 세월도 그렇게 무심코 흘러갔습니다.

그가 노래한다. 노랫말이 곡성이다. 진폭 크고 음결이 다채로운 다갈색 울음이다. 굴종 되고 억압된 일상과 부식되고 침전된 삶이 어둠의 공간에서 빚어내는 슬픔의 음곡이다.
대금 소리 한 소절이 애절하다. 숙성된 대나무에서 피어나는 소리 한 마디가 여인의 물레질에 휘감겨 감각적인 전율을 몰아온다. 애잔하고 그윽이 흐느적거리는 선율과 여인의 숨소리가 겹쳐져 허공에 물결친다. 대금 소리는 가장 깊고 맑은 영혼의 결에서 빚어지는 바람의 성음이다.
존재하는 것은 절규하는 것이다. 한여름, 짝 찾는 풀벌레들의 울음소리가 그렇다. 인내로 감내하지 못하고 종래 피 토하듯 내지르는 소쩍새 울음소리가 그렇다. 뜨거움을 삼키지 못하고 강박한 언어로나마 불덩이를 토악질하는 내 영혼이 그렇다. 대금 소리를 닮고자 했으나 그렇지 못한 소리들의 절규이다.
그 소리들이 바람에 펄럭인다. 바람의 넋으로 다가와 너울대다 바람으로 산화한다. 소리가 산화한 자리에서 내 넋이 울먹인다. 가슴 가득한 울음소리 퍼내면 내 넋에겐 없는 것만 있다.

스물한째 마루

매미

천년의 소릿결이다. 한에 찬 울음소리이다. 마지막 생을 사르는 처절한 격음(激音)에 대지가 격동한다. 불과 십여 일의 왕성한 삶을 위해 십여 년의 천형(天刑)과 형극(荊棘)을 짊어진 함성이다. 어둑한 땅속에서 극한적 고통으로 숙성시킨 음결이다. 한여름을 불태우기 위해 온 생을 쏟아부은 피맺힌 절규이다.

노래라기엔 너무도 구슬프고 울음이라기엔 너무도 장엄하다. 처절하고 갈가리 찢긴 마지막 외침에서 파랗게 혼불이 튄다. 매미가 고적한 숲의 오선지에 가장 높은 음계로 입체적 악보를 그려간다. 매미 울음은 개체마다 불협화음으로 창안된 독창적 소야곡(消夜曲)이다. 한밤에 연인의 창가에서 부르기엔 너무도 극성스런 세레나데이다. 그들의 노래는 지독한 경쟁과 구애의 음곡이다. 도태되지 않으려는 발버둥과 몸부림의 발현이다. 그러기에 매미의 노래는 언제나 극도로 숙연하고 구슬프다.

장마가 걷히고 폭염이 시작될 즈음, 인고의 시간을 버틴 매미 유충은 서서히 땅을 뚫고 나온다. 대부분은 안전한 곳을 찾기 전에 천적에게 잡아먹히고 극히 소수만이 살아남는다. 그렇게 산 자만이 허물을 벗고 매미가 된다. 어렵고 힘겨운 과정을 거쳐 성충이 된 매미가 지상에서 활동하는 시간은 고작 열흘 남짓, 숨가쁘게 짝을 찾아 사랑을 결실한 후 최후의 생을 마감한다. 짝을 찾지 못하면 인고의 세월조차 허송세월이 되기에 수컷은 어느 경쟁자보다 우렁차게 세레나데를 불러야 한다. 그것이 어떤 생명체도 흉내 내지 못할 그들만의 숙명이다. 참으로 무섭고 모진 삶이다.

고려 때 대문장가 이규보(李奎報)가 쓴 「방선부(放蟬賦)」라는 글이 생각난다. 어느 날 매미가 거미그물에 걸려 절박한 소리를 질러대기에 이를 풀어 날려 주었는데, 곁에서 이를 지켜본 사람이 거미와 매미는 똑같이 작은 벌레인데 왜 매미는 살려주고 거미는 굶주리게 하는가라고 빈정댄 데 대한 항변으로 쓴 글이다. 본래 거미는 성질이 탁하고 매미는 바탕이 맑다. 배불리 살려는 거미의 욕심은 끝이 없는데 이슬만 먹는 매미가 무슨 욕심이 있겠느냐. 보이지 않는 가느다란 줄로 속임수를 써 남의 살을 먹는 욕심 많은 더러운 놈이 맑은 놈을 해치니 어찌 가만히 보고만 있겠는가라는 청빈 칭송의 글이다. 매미는 언제나 이슬만 먹고 깨끗이 살며 해가 지면 울음을 멎어 음흉한 계책에 말려들지 않기에 이를 선비의 기상으로 삼아 기려왔던 것이다. 옛날 벼슬아치들이 양쪽에 매미 날개를 단 관을 쓰고 집무했던 것은 바로 이와 같이 고고하게 삶을 살아가는 매미의 정신을 본받게 하기 위한 것이었다.

매미가 이슬을 먹고 산다는 것은 지난날의 이야기일 뿐이다. 이슬만 먹고사는 청결한 매미의 식생활을 기대하는 것도 단지 인간의 희망 사항일 뿐이다. 요즘 매미는 육식을 더 즐긴다. 밤이 되면 길거리 가로등에 많은 날타리들이 몰려든다. 날타리는 밤의 불빛을 선호한다. 가로등이 불을 밝히면 수많은 날타리들이 모여들어 불빛 주위를 날아다닌다. 매미는 이 기회를 놓치지 않고 날타리 사냥에 나선다. 인간의 문화 욕구에 의한 환경 변화가 매미의 식생활 습성까지 바꿔놓은 것이다. 서글픈 일이다.

매미, 혼으로 울다

신새벽 동녘의 떫은 살점
한 입 뭉텅 베어 물고

꼿꼿한 햇살 분지르는
격렬한 함성

바람의 혼을 불러
하루치 마디를 잇대어가는

그대 있어 여름은 뜨겁고
오늘도 태양은 실핏줄까지 타든다

이파리 무성한 나뭇가지
그늘 속 슬픔마저 승천하는 살풀이

질긴 해 뭉크러져 저리 아린가
긴 세월 으깨어져 저리 슬픈가

뜨거운 바람결 두드리는 소나기
자진모리 추임새로 가쁜데

사랑은 숨을 태우는 열병이라고
사랑은 혼을 사르는 형극이라고.

아침 바람이 선득해진다. 이제 곧 매미 울음소리도 들을 수 없게 된다. 매미 울음소리가 더욱 그악스러워지는 연유이다. 본능적으로 자신의 생이 얼마 남지 않았음을 알기 때문이다. 매미는 수컷만이 운다. 수컷의 울음소리는 암컷과 짝짓기를 위한 구애의 절규이다. 아무리 짝을 향해 애타게 노랠 불러도 짝짓기에 성공할 확률은 절반 정도에 불과하다. 가을이 오기 전에 그 기막힌 확률의 싸움을 이겨내야만 한다. 강건하고 꼿꼿하던 햇살이 서둘러 허리춤을 접고 있다. 절박하다. 숨 가쁘다. 초조하다. 그러기에 매미는 오늘도 온종일 숨을 태워 혼으로 울어댄다. 혼의 울음 결에서 파닥파닥 불꽃이 튄다.

우리는 세상에 태어나 한 번쯤 매미로 살아야 한다. 짧은 생애 혼을 태워 극렬히 노래하는 매미처럼 살아야 한다. 존재하기 위해 극한적 상황을 극복하고 단 한 번의 격렬한 사랑을 위해 목숨을 사르는 매미가 되어야 한다. 뜨거운 사랑의 끝자락에서 자신의 모든 것을 살라 스스로 한 점 불꽃이 되는 매미처럼 살아야 한다. 그것이 이 세상을 향해 단말마처럼 부르짖는 매미 울음의 존재 이유이다. 우리는 때때로 늦여름 매미처럼 절박해야 한다. 절박해야 비로소 절실해지고, 절실해야 그것의 전부가 된다.

그러나 난 단 한 번도 그래보질 못했다. 매미의 절박함도 절규도 지니지 못했다. 그러기에 결국 그녀마저 떠나고 나는 이처럼 빈들에 홀로 서 있다. 예전처럼 다시 여름이 오고 매미는 울음을 울고 있지만 나는 아직도 전부가 되지 못하고 있다. 그러기에 난 오늘도 가슴 깊이 아리게 상흔(傷痕)처럼 곰삭은 그리움 하날 부여잡고 골 깊은 통증을 앓고 있다. 그것이 결코 매미가 될 수 없는 내 생의 한계이자 아픔이기도 하다. 오늘도 매미는 저처럼 처절히 혼을 사른다.

늦여름 매미

세상에 태어나 한 번쯤은
늦여름 매미로 살아야지

시간의 잎맥 진초록으로 영근 풀숲
부드러운 바람 한 올씩 나뭇가지에 묶이고
풀무치 슬픔 동이 나서
울음소리 접은 어스름, 매미는
후박나무에 걸린 어둠의 덜미 부여잡고
외짝 더듬이 세워 벽력같이 화염 터뜨린다

어둑한 땅속 헤치고 나와
반짝 사는 한 생의 막바지
초록의 음결 직조하여
소나기처럼 쏟아내는 혼의 탄주(彈奏)

울음에 뜨거운 연정을 걸고
연정에 불타는 생명을 걸고

그래, 세상살이 한 번쯤
늦여름 매미처럼 뜨거운 혼으로 살아야지
암, 그래야지.

스물둘째 마루

코스모스

가을 길, 소녀가 걸어간다. 살랑대는 솔바람이 이따금씩 감각적으로 발그레한 소녀의 귓불을 간질인다. 숲길에서 딱따구리 나무 구멍 파는 소리가 쩌렁쩌렁 깊은 정적을 깨운다. 가을 길을 걷는 청초하고 수줍은 소녀의 옷자락이 하늘하늘 들바람에 날린다. 동네 어귀의 탱자나무 울타리에서 노랗게 익은 열매가 촘촘한 가시 사이로 깊숙이 몸을 숨긴다. 무자비하고 혹독하게 무찔려온 세월의 아픔이 안으로 맺혀 노랗게 물들었다. 굽 낮은 돌담을 따라가며 고여 든 해맑은 햇살이 오후의 평온한 안락을 한껏 풀어놓는다. 자글거리는 태양광선이 수채화 한 폭 풍경으로 떨어져 내린다.

코스모스는 가을의 상징이다. 바람에 가벼이 한들거리는 모습이 청초하고 수줍은 소녀를 닮았다. 구름 한 점 없이 드높고 청명한 가을 하늘과 들바람이 살랑대며 풀잎을 간질이는 가을 길의 풍경에 코스모스만큼 완벽히 조화되는 꽃은 없다. 고추잠자리가 공중을 선회하고 풀벌레가 세레나데를 노래하는 길섶의 풍경에도 코스모스는 참으로 잘 어울린다. 양지바른 동네 어귀의 키 낮은 돌담길, 양철지붕 위에 널어놓은 시뻘건 고추, 빨간 홍시를 주렁주렁 매달고 있는 감나무, 누렇게 익은 벼 이삭 넘실대는 들녘 길에 코스모스는 안성맞춤이다. 갈바람에 오색 단풍잎 팔랑대는 오솔길, 강물 굽어 흐르는 안개 자욱한 둑길, 하얀 억새가 춤을 추는 간이역의 풍광에도 코스모스는 절묘하게 잘 어울리는 꽃이다. 코스모스는 가을의 전령이다. 코스모스가 활짝 피어야 가을은 비로소 물큰하게 익어간다.

코스모스는 다채색 지우개이다. 코스모스 꽃길에서 난 그 지우개로 자신을 형성하는 모든 걸 말끔히 지운다. 나를 지우고 내 삶을 지우고 내 시를 지우고 심지어 코스모스까지 지운다. 현실과 이상의 부조화를 지우고 적응과 부적응의 괴리에서 오는 갈등을 지운다. 그렇게 자아를 말끔히 지우고 정지된 시간의 속살과 만난다. 정지된 시간을 회유하여 일상의 모든 상념과 일정한 거리를 유지한다. 지우고 나면 일상과 나 사이에 거리가 존재하면서 그 거리만큼 빈 공간이 생긴다. 그리고 그 공간에서 나는 완벽히 자유로워진다. 자유로운 만큼 충분히 외롭고, 외로운 만큼 충분히 서글퍼진다. 세상과 나 사이의 거리에는 참을 수 없이 애틋한 연민이 싹튼다. 존재에 대한 연민이야말로 새로운 자아를 형성하는 참된 동기(動機)로 작용한다.

가을이 오면 난 코스모스 꽃길에서 코스모스처럼 피어나 코스모스처럼 한들거린다. 한적한 코스모스 꽃길에서 연분홍 한 송이 코스모스로 환생한다. 그리고 비워낸 사색의 창고에 자연의 숨소리와 물빛과 노을과 산 그림자와 바람 소리를 차곡차곡 저장한다. 아슴한 꽃길, 그곳에 길이 없어도 있는 듯이, 길이 있어도 없는 듯이 바람을 따라 걷는다. 자글거리는 햇살이 놓인 길을 구름처럼, 물결처럼 흐르며 가을의 향기를 채집한다.

코스모스는 소녀의 꽃이다. 수줍음을 타는 소녀를 닮았다. 그러기에 코스모스의 꽃말도 '소녀의 순정'이다. 코스모스가 바람에 한들거리는 모습이 소녀가 가을바람에 수줍음을 타는 것처럼 보여서 붙여진 이름이다. 들바람에 소녀의 순정이 나비처럼 나폴댄다.

소녀

흰 블라우스에 청치마 말끔히 차려입고
앞서거니 뒤서거니 학교 다니던
이웃 마을 소녀는
영락없는 한 송이 코스모스였습니다
들바람 불어와 코스모스 한들거릴 때
소녀의 치맛자락도 한들거렸습니다
그때마다 두근거리는 마음 하나도 한들거렸습니다

무서리 내리고 코스모스 시들어갈 무렵
불현듯 서울로 떠났습니다
전학 가는 날 살포시 웃으며
코스모스 한 잎 쥐어주었습니다
코스모스 이내 시들었지만
손바닥에서는 향그러운 꽃내 진동했습니다

소녀와 함께 걷던 길에선
해마다 코스모스 살랑댔습니다
그 향내 그리워 학창 시절 내내 몸살 앓았습니다
코스모스 꽃대 꺾어지고 들바람 모질어도
손바닥 향기는 진득했습니다
굽이굽이 빛결 위로 꽃불이 부서지고
세월도 그렇게 무심코 흘러갔습니다.

코스모스 흐드러진 길의 주된 소재 중 하나는 바람이다. 바람은 형체가 없는 상징의 주체로서가 아니라 존재의 영원성과 실존의 실체로 내게 다가와 자리한다. 바람은 감촉, 상징, 색감, 형상, 질감에 이르기까지 점점 깊이 내 영혼의 중심으로 확장되어온다. 코스모스는 때로 푸덕지게 환한 환영(幻影)이 되기도 하고, 깃발처럼 펄럭이는 몸부림의 실체가 되기도 한다. 바람으로 인하여 오래도록 갇혔던 침묵이 비로소 말문의 빗장을 열고 꿈틀거린다. 나는 코스모스 한 잎 쥐고 망연히 별 무리 속에 앉아 백야(白夜)를 꿈꾸는 몽상가가 된다. 허공에 모아둔 꿈이 뜨거워질 무렵에 난 아무것도 없이, 아무것도 아니게 허망하고 애절한 울음의 주체가 된다. 우울과 사색으로 잠 못 들며 길무늬 따라 둘이서 하나가 되어 걷고 또 걷는다. 소녀와 만난 길 위에서, 소녀가 떠난 길 위에서 소녀를 꿈꾼다. 소녀를 꿈꿀 때마다 손바닥에서 코스모스 향기가 진동한다.

코스모스는 내게 유난히 어릴 적 초등학교 시절을 연상시키는 정겨운 꽃이기도 하다. 초등학교 가는 길은 온통 코스모스 천지였다. 학교 운동장 가장자리에도 빙 둘러 만개한 코스모스가 흐드러졌었다. 가을이면 언제나 길가에 연하여서 등하교하는 우리들에게 손을 흔들어 반겨주었다. 가을마다 연분홍 색깔의 꽃잎이 청백 군으로 나뉜 우리들의 운동회를 성원했다. 우리들은 코스모스 향기에 흠뻑 젖어 달리고 공놀이하고 기마전을 했다. 가공되지 않은 우리들의 함성이 드높고 푸른 하늘에 메아리쳤다. 그때마다 코스모스도 덩달아 신명이 나서 가느다란 몸을 흔들어댔다 꼬마들의 가을은 그렇게 온통 원색적으로 달아오른 함성과 꽃가루 되어 날리는 코스모스 향기로 깊어갔다. 그 후, 계절은 기어이 무서리로 코스모스 꽃대를 꺾어놓고서야 가만히 꼬리를 내리고 물러갔다.

코스모스

초등학교 근처에 가면
코스모스 꽃잎에서 물결치는 함성이 들려온다
모이고 흩어지고 다시 모여든
아이들의 신명 난 함성이 그리움으로 물결친다

하늘빛 내려와 우물처럼 고인 날
코스모스 향기 맡으면
아이들의 천진한 장난이 한 움큼 만져진다
자치기하고 제기 차고
고무줄 끊고 치마 들추고
그래서 손들고 벌 받는 아이들의 시간이
아련한 수채화로 피어오른다

삭풍 같은 울혈이 목젖까지 차오를 때
초등학교 운동장에 들르면
티 없이 맑고 순수한
코스모스 연분홍 미소와
정갈하게 씻긴 물목 같은 이야기가
푸른 하늘빛 바람 타고
만국기처럼 창공에서 펄럭인다

가을에 흔들리는 건 코스모스만이 아니다.

스물셋째 마루

대나무

대숲에 한 줄기 바람이 인다. 잠잠하던 댓잎이 수런거린다. 대나무 꼭대기에 펼쳐진 쪽빛 하늘이 호수처럼 깊다. 잡아당기면 금세 터질 것 같이 팽팽한 하늘에 한가로이 양털구름 한 점 떠돈다. 줄지어 나는 철새들의 가뿐 날갯짓이 파란 화선지에 줄무늬 파문을 일으킨다.

대숲에는 안락한 평화가 있다. 대나무 듬성듬성 성긴 자리에 돗자리를 펼치고 누우면 금세 잡다한 세상사의 번뇌는 댓잎에 중화되어 사라진다. 오랜 날을 가슴속에 불편하게 묶어두었던 애증도 이내 잦아든다. 보람 있는 일, 애석한 일, 아쉬운 일, 화나는 일, 부끄러운 일들을 모두 떨치고 자아만의 세계에 침잠할 수 있다. 대숲은 심신을 닦는 도량(道場)이다.

고향 집 대숲은 유일하게 나만의 향유하는 개별 공간이다. 대밭은 내게 있어 가장 평온하고 안락한 사색의 휴식처이다. 대밭에는 푸른 댓잎 사이로 짙푸른 하늘을 유유히 헤엄치는 새하얀 구름의 유영이 있어 좋다. 가벼운 바람결에도 부르르 몸을 떨며 호들갑스럽게 서걱대는 댓잎 부딪는 소리가 있어 좋다. 대숲 어딘가에 앉아 쉬지 않고 재잘거리는 이름 모를 새소리가 있어 좋다. 그리고 특히 비 내린 다음 날, 여기저기서 불쑥불쑥 지면을 뚫고 솟아오른 죽순들의 생명에 대한 경외감은 무엇보다도 좋다. 그렇게 대숲에서 바라보는 세상은 대숲 밖의 세상과 전혀 다른 자연의 질서와 순리가 있다.

대나무는 언제나 서민적이고 친근하여 미덥다. 가볍게 이웃집 마실 나가는 시골 아낙처럼 일부러 꾸미지 않기에 소박하고 자연스럽다. 대나무를 소재로 하는 죽제품에서는 순박한 사람의 진솔한 숨결이 묻어난다. 시골집 생활용품 중에는 유난히 대나무로 만든 제품이 많다. 대는 주위에서 쉽게 구할 수 있는 흔한 소재이기 때문이리라. 흔하지만 결코 천하지 않고, 쉽게 구할 수 있지만 아주 요긴한 물건들이다. 죽제품마다 모양이 섬세하고 특이하며 잔손질과 공력이 많이 들어있음이 인지된다. 대나무 제품에는 선인들의 순수한 숨결과 영혼이 깃들어 있다.

대나무 소재 제품 가운데 가장 이색적으로 관심이 가는 물건은 죽부인이다. 바람이 잘 통하도록 가볍게 만들어졌기에 여름에 남정네들이 부인 대신 안고 자던 죽제품이다. 죽부인은 우리 선인들의 멋과 낭만이 깃든 독창적인 걸작품이다. 예전에는 눈길 가는 곳, 손길 닿는 곳마다 대나무 소재의 생활용구가 놓여있었다. 대나무로 만든 죽제품이야말로 서민들의 일상생활과 가장 친숙하고 활용도가 높았던 실질적 용기인 것이다.

나무로 단정하기에는 속이 비어 나무가 아니요, 풀로 보기에는 모양새가 더더욱 풀이 아닌 대나무, 부러지면 부러지되 결코 휘어지지 않으니 그 강직함과 곧은 절개가 얼마나 가상한가. 눈 속에서도 결코 푸름을 잃지 않고 사철을 청록으로 살아가니 대쪽 같은 선비의 표상이다. 속 비우고 겉을 단단히 다지고 있으니 세속적 욕구에 초연한 선각자의 모습이기도 하다. 겨울에는 매서운 북풍을 막아주고, 여름에는 시원한 댓바람을 불러들여 사람을 이롭게 하니 고맙기 그지없는 나무이다.

대

내력 깊은 바람의 숨결 모아
대금 소리 한 소절 산조가락에 얹는다
속을 비워낸 만큼 부풀어 오른 구멍에서
유장(悠長)한 천 년 소릿결이 분출한다
호젓이 마디마디 혼으로 키우고
부러질지언정 휘어지지 않는 소리가
시공을 초월하여 창공으로 비산(飛散)한다

천지사방에 출렁이는 초록 물결
반쯤은 내 영혼의 숨결 담아
둥지에서 새 떼처럼 날아오르고
댓잎이 사운거리는 소리로 바람길 터준다
선연히 파닥이며 나신(裸身)을 드러낸 한낮
숲의 알갱이가 핏기 없는 햇살을 보듬고
곧은 댓가지들이 모여 죽순을 키워낸다

대숲에서 시간의 밀알이 움틀 때
사위어가는 바람 한 줄기 아득해지고
어디선가, 산 꿩 울음이 가슴을 적신다.

비 내린 며칠 후라서 그런지 대밭이 온통 죽순 세상이다. 연약하면서도 용감하게 지표를 뚫고 불쑥 고개를 내민 죽순이 참으로 귀엽고 대견하다. 새로운 생명체의 불가역적인 숨소리가 무겁게 지축을 흔든다. 대밭에서는 한겨울에 죽순을 찾아 어버이 병을 고쳤다는 효성 어린 맹종(孟宗)의 고사가 생각난다. 대나무를 의인화하여 높은 절개와 지조를 강조한 이곡의 「죽부인전(竹夫人傳)」도 생각난다. 죽순과 대나무는 항상 인간 삶에 있어 긍정적인 요소와 교훈적인 의미가 강조되어 길이 숭앙하고 기려야 할 본보기가 되고 있다.

대나무들은 저마다 독특한 품새와 개성을 지니고 있어 이채롭다. 하늘을 뚫을 듯 곧게 머리를 세우고 솟구친 왕대, 동네 어귀 외진 담장에 올망졸망한 조릿대, 한적한 산기슭에 군락을 이루며 산객을 맞는 산죽(山竹), 대줄기가 까마귀처럼 검은 오죽(烏竹) 등 그 종류와 모양새도 다양하다.

그것들이 피우는 대꽃은 백 년 기다림의 결실이다. 대나무는 대꽃을 피우기 위해 백 년 동안이나 극도로 스스로를 가꾸고 준비하며 근신해왔다. 대나무는 백여 년에 걸쳐 단 한 번 꽃을 피우고 일제히 숨을 거둔다. 대나무는 그렇게 한순간에 속세의 삶을 훌훌 털고 무(無)의 세계로 돌아갔다가 다시 죽순으로 태어나 새로운 생애를 시작한다. 명징하게 지나온 삶을 정리하고 새로운 생을 잉태하는 대나무의 결단과 용기가 가상하다. 대나무는 윤회의 주체이다.

제법 새소리가 요란하다. 오늘 대숲에 보금자리를 정하고 하룻밤 유숙하려는 새들이 빨리 자리를 비켜달라고 아우성이다. 어느덧 대숲을 기웃거리던 저녁 해가 홍시처럼 빨갛게 익어 서녘 하늘을 짙게 물들이고 있다. 한 무리 철새가 바지런한 날갯짓으로 노을 속에 사라져간다. 이제 정말, 서둘러 돗자리를 거두어야 할 시간이다.

대꽃

붉은 댕기 엮어 서녘을 밝히는 꽃송이처럼
설운 넋 태워 허공에 흩뿌리고
무한정 중심 잃고 흔들리며 살아왔다
마디마다 내려놓을 것 내려놓고
붙잡을 것 단단히 붙잡아 매듭지으며
속 차지 않아도 단단히 다져왔던 날들
누군가는 바람도 속이 비었다 한다

하늘을 풀무질하는 혼불로
뿌리채 흔들려도 꺾이지 않으려 버둥댔다
남대천 회귀하는 연어처럼
푸른 기차 타고 백 년을 달려와
일생에 단 한 번
찬란히 피어났다 숨을 거둔다

바서져 내리는 찰나들을 딛고
미래로 분출하는 참된 생명의 유열(愉悅)
견고한 고독을 깊은 숨결로 녹여내며
영원히 살기 위한 열망의 또렷한 눈망울
허드렛물처럼 써버린 시간을 모아
열반하는 구도자처럼
무심으로 단단히 속 비우고 시리게 피어난다.

스물넷째 마루

술

나는 제법 술을 잘 마시는 편이다. 입때껏 술자리에서 상대방보다 먼저 만취하여 쓰러진 적이 없다. 지금은 나이와 체력 문제로 현저히 줄었지만, 그래도 보통 사람들의 평균치보다는 더 잘 마신다. 젊은 시절은 물론이거니와 장년기까지도 마시기 시작하면 말술이었다. 술이 무거워 들고는 가지 못해도 마시고는 갈 수 있었다. 나는 공사(公私) 관계로 중국을 여섯 차례 방문했다. 방문할 적마다 지역 공산당 서기장을 비롯한 당 간부들과 회식 자리를 가졌다. 이른바 질펀하게 주지육림의 술자리가 벌어진 것이다. 그때마다 은근히 술 실력을 과시하는 그들에게 삼배주를 거듭하여 모두 쓰러뜨렸다.

나의 첫 음주는 할머니로부터 비롯되었다. 초등학교 때, 추위에 떨며 학교를 다녀오면 할머니가 따뜻한 아랫목의 담요 두른 술독에서 술을 한 사발 떠 주셨다. 술이 용수 안에서 보글보글 발효하고 있었다. 술을 마시고 정신을 잃은 것은 중학교 때였다. 논 김매기를 마칠 무렵이면 어른들이 풍물을 치면서 집집마다 들러 무사안녕을 기원하는 놀이마당을 벌였다. 풍물패가 방문하면 주인은 술상을 차려 정성껏 대접해 주었다. 낮에 풍물패를 따라다니며 홀짝홀짝 술을 마시다 어느 순간 필름이 끊겼다. 정신이 돌아왔을 땐 동네 콩밭이었다. 깜깜한 밤하늘에 별이 가득 들어차 반짝이고 있었다. 그 일로 어머니한테 엄청 꾸지람을 들은 기억이 선연하다.

그래, 네가 있었지

— 술이란 녀석에게 1

때로는
먹빛 어둠 가르는
한줄기 섬광이고저
거친 몸짓으로 만상을 휘젓는
한 무더기 돌개바람이고저
고비 때마다 불현듯 달려와
쩌릿쩌릿
전율로 온몸을 덥혀주던
그래, 네가 있었지

언덕배기 미끄러워 굴러 내리고
다리 난간 매달려 대롱거릴 때
'참이슬' 맑은 빛으로
새로운 세상을 열던 그대
'처음처럼' 순수하게 살아가자고
몸서리치게 다독이고 쓸어주던
그래, 네가 있었지

고독한 영혼의 갈피에다
뜨겁게 불을 지피고
천연덕스럽게 뒷짐 지고 바라보는
그래, 네가 있었지.

가장 맛있게 마신 술은 몰래 마신 술이다. 어릴 때 시골에서 가끔씩 심부름으로 동네 주가(酒家)에서 술을 사 오곤 했다. 그때마다 몰래 주전자 꼭지에 입을 대고 야금야금 마신 적이 있다. 그 술의 감미로운 맛이 아직도 생생한 느낌으로 남아있다.

막걸리는 마구 체에 걸렀다 하여 붙여진 이름이다. 이는 색깔이 흐려서 탁주, 흰색이라고 하여 백주, 농가에서 많이 마신다 하여 농주(農酒)라고도 불린다. 농주는 아주 유용한 농부들의 술이다. 술은 소통이고 친교이며 어우러짐이다. 사회생활에서 대인관계가 서먹서먹하고 어색할 때, 소통의 통로가 막혀 답답할 때 술만큼 유용한 매개체도 없다. 본의 아닌 오해를 풀 때, 보다 적극적인 친교를 원할 때도 술은 아주 유용하다. 술에 대한 우리의 관념은 이를 긍정적으로 보는 견해와 부정적으로 보는 견해가 공존한다. 술은 사람에게 유익한 것으로 인식되어 '백약지장(百藥之長)'이라 불리고, 부정적인 의미에서는 '광약(狂藥)'으로도 불린다.

우리 민족은 생활의 예의를 중히 여겨왔다. 술자리에서는 비록 취하고자 하는 목적으로 마시는 술이라 하더라도 심신이 흐트러지지 않고, 어른께 공경의 예를 갖추어 실례를 범하지 않는 것이 음주의 예절이다. 사람들은 음주 때 지켜야 할 이러한 예절을 주례(酒禮)라 하여 중시했고, 또 주도(酒道)라 지칭하여 지키려 노력해왔다.

풍습은 시대 환경에 따라 변화한다. 자동차 운전이 일상화된 오늘날엔 일을 마치고 귀가하여 혼자서 마시는 '혼술'이 많아졌다. 혼술은 외롭고 쓸쓸한 음주 관습이다. 술은 어우러짐이 근본이다. 문명의 변화에 의해 점차 술자리의 친교와 낭만이 사라지고 있어 안타깝다. 술자리는 서로 간에 흉가분하게 가슴을 풀어놓고 속내로 어우러져야 제격이다. 마음에 부담이 없는 술이 가장 맛있는 술이다.

뜨거운 여인
— 술이란 녀석에게 2

사랑의 화인(火印) 찍어대는
저 농염한 불꽃

밀밀한 언어의 유희
과장된 몸짓의 유혹으로
스르르 발효하는 분홍빛 정념
별빛 처연한 밤 애틋한 그대는
격정적인 불화살처럼 뜨거웠지

은빛 추억의 잔영으로
한 무더기 꿈을 지피고
휘황한 섬광으로 돌기(突起) 하는
붉은 애증의 분화구여.

내 작품의 중심축,
그리고 삶의 밑면과 가변의 이야기

– 최병영 제2 시 · 수필집 『바람처럼 풀꽃처럼』 해설

최 병 영 (시인 · 문학평론가)

1. 시와 에세이의 한통속 몸 섞기

문학은 사상과 감정을 상상의 반열에서 언어로 표출하는 예술이다. 문학의 사회적 역할은 진실을 전달하는 것이다. 때문에 무엇을 쓰느냐 못지않게 어떻게 쓰는가도 중요한 의미를 지닌다. 문학은 활자로 창조해내는 이미지의 집이다. 문학의 언어는 일반적 상용어보다 한결 고차원적이고 무르익은 것으로서 정서적인 언어와 순화된 언어로 구현된다. 문학은 본질이 있은 연후에 꾸밈으로 가야 한다. 헤밍웨이(Hemingway)는 '남에게 절대 받아쓰게 할 수 없는 것은 절대 없어지지 않는다.'고 했다. 문학이 바로 그렇다. 글은 예리한 시선으로 삶의 핵심을 통찰해야 한다.

사르트르(Sartre)는 '문학은 인생에 대한 질문'이라고 정의했다. 모든 문학의 근본은 인생의 문제와 맞닿아 있다. 문학은 인생을 규

명하고 그 본질적 의미와 가치에 천착(穿鑿)하여 삶에 대한 바람직한 방향과 태도를 정립하는 일이다. 인생은 오묘하고 복잡하며 다채로운 특징을 지닌다. 이를 효율적으로 구현해내는 도구는 언어이다. 문학은 언어의 예술이다. 문학의 소재는 언어이며 그 언어를 조합하고 조직화하는 것이 문학의 질량을 결정짓는다. 우리의 일상생활에서 의지나 감정을 전달하는 수단인 언어는 불가결한 요소로 문학에 적용된다. 그러기에 작품의 본질은 언어로 포착되어지고,. 작품을 포착해내는 언어는 작가가 지닌 영혼의 결실이다. 이는 정밀하고 철저한 연민으로 표출하는 문학의 도구이다. 작가나 시인은 언어로 작품을 창출하고 언어를 도구화하여 작품을 창작한다. 그런 의미에서 하이데거(Heidegger)는 '언어는 존재의 집'이라고 규정했다.

이번에 월간『문학세계』에 연재했던 사유와 언어의 집합체를 모아 집을 한 채 짓는다. 시 · 수필집으로는 두 번째이고 전체 문학 작품집으로는 여덟 번째에 해당한다. 작품 창작에 있어 시와 수필은 엄연히 구분된다. 시 · 수필집을 펴냄에 있어 시는 시대로, 수필은 수필대로 개념과 특성이 혼재되지 않도록 유의하며 두 장르가 어우러져 상호 보완재로 작용하도록 노력하였다. 작품의 소재로는 주로 우리 주위 자연의 개체를 테마로 설정하여 형상화하였다. 그중 시는 소재가 지니는 이미지와 상징적 의미, 시적자아의 사유와 정서에 따른 효율적 주제의식 및 감성 표출에 주력하였다. 시의 창작은 감각적 묘사가 주조를 이루고 있으며, 메타포(Metaphor)를 중심으로 간접적이고 암시적인 표현이 글의 전체 흐름을 주도하도록 조치하였다. 에세이는 소재와 관련된 연상(聯想)에 의해 그 의미와 가치를 내면에 함유함으로써 주제와 제재를 더욱 심화, 발전토록 하는 작품적 요소에 주력하였다. 하지만 애써 전력으로 과실을 거두었으나 미완의 수확이 된듯하여 부끄럼이 앞선다.

2. 세월, 그 응축과 확산의 음표

해가 바뀌고, 달력이 바뀐다. 이 작품집은 새해를 맞이하여 달력 거는 일로 말문을 튼다. 달력이 바뀌는 건 세월이 흐른다는 증좌이다. 때문에 낡은 달력을 떼고 새 달력을 거는 일은 실로 중대한 일이다. 물리적으로 시대 변화와 시간의 흐름에 따라 우리 사고나 주위의 사물들은 변화하고 소멸되어진다. 하지만 이들은 시적자아의 기억에 명료하게 남아 오래도록 사라지지 않는 잔상(殘像)으로 상존한다. 그러기에 이 글은 전체적으로 우리 생활권에서 자주 조우하는 자연물이나 사라져가는 개체에 대한 면밀한 관찰과 묘사를 통하여 그에 대한 아쉬움과 안타까운 정서를 담았다. 이들 소재는 고스란히 육화(肉化)되고 작품으로 승화됨으로써 그 의의와 가치가 뚜렷하게 명료화되고 있다.

숯자는 맹렬한 불꽃이었다. 숯자는 화염처럼 한순간에 치열히 피어올라 하루를 온전히 사르고 한 줌의 재가 되어 사라졌다. 장렬히 열반(涅槃)하는 숯자에서 결코 사리는 발견되지 않았다. 숯자는 스쳐가는 바람이었다. 숯자는 벽면에 착상되어 존재하다 순식간에 바람에 날려 사라지는 세월의 잔상(殘像)이었다.

굴비처럼 다닥다닥 엮인 시간의 척추는
사위어갈수록 수직으로 흔들린다
벽면에 빼곡히 박힌 채 명멸하는
군락(群落)의 비탄 들으며
진종일 야시장 건어물처럼 빈혈에 시달린다
숯자들이 외짝 더듬이 잃고
껍데기로 모여 서서

축제처럼 마구 진화의 춤을 추어댄다

—「새해, 그 언저리에서」 일부

달력에 박힌 숫자는 불꽃이고 바람이다. 이들 숫자는 맹렬하지만 어느 순간에 이르면 사그라진다. 달력은 결국 소멸로 가는 행렬의 과정에 있다. 그러기에 시간의 척추가 수직으로 흔들리고, 시적자아는 야시장 건어물처럼 빈혈에 시달린다. 시적자아는 날짜를 단색으로 덧칠하면서 자꾸만 오지그릇처럼 옹색해져 가고, 결국 '존재하면서 존재하지 않는' 존재자로 살아간다. 시적자아는 해마다 새 달력을 걸지만 이제 거기에 마음까지 걸지는 않는다. 달력을 걸고 떼며 한 해를 보낼 때마다 결국은 허망이 빈손만이 남는 것을 무수히 체험했기 때문이다.

문학작품에는 작가의 사상과 감정, 가치관이 담겨있다. 작품에는 작가가 살아온 삶의 행적과 인생관이 반영된다. 그간 살아온 세월과 살아갈 세월에 대한 다양한 의미와 감상들이 혼합되어 전체적인 여정을 되짚어보는 계기로 작용한다. 일반적으로 지나간 것은 아름답고 다가올 것은 설레는 이미지를 지닌다. 그 날들이 어떤 형태로 구현되더라도 묵묵히 이를 감내하며 앞을 향해 발걸음을 내디뎌야 하는 것이 우리네 인생이 지닌 숙명적 행로이다. 시적자아는 해마다 이를 되풀이하는 삶의 지평에서 인생을 통찰하며 실존의 의미를 진솔히 작품으로 구현하고 있다.

시적자아의 정서는 작품 「고향」에서 상실과 그리움의 이미지로 환치되고 내실화된다. 시적자아에게 고향은 코뚜레와 같은 것이고 멍에와도 같은 것이다. 고향은 인위적으로 탈피하거나 제어할 수 없는 경전과도 같은 것이다. 「억새」는 하얀 손을 흔들어 춤을 춘다. 굽이진 길가로 방목된 야생의 숨결이 모여들고 억새도 그렇게 모여 서서 노래와 춤으로 장중한 이별의 의식을 주도한다. 할머니가 떠나가고, 어머니가 떠나가고, 지금 한 여인이 떠나가는 현장에서 억새는 무리지어 이별의 전송 곡을 부른다. 억새는 아릿하고 슬픈 이별 의식의 주체이다. 「호밀밭」은 추억을 환기하는 핵심 공간이다. 작가는 호밀을 통하여 지난날의 추억을 떠올리고 깊은 감회에 젖어 든다. 호밀밭은 푸른 파도의 안마당이고, 시간의 여울목에서 적요(寂寥)를 산란하는 개체로서 시적자아의 주된 정서를 지배한다. 「염전」은 현실을 질박하고 힘겹게 살아가는 염부의 삶을 감정이입(感情移入)에 의해 진중히 그린 작품이다. 염전의 시계는 정지되어 있다. 시적자아는 모든 게 정지되어 있는 염전의 애처로운 모습에 자꾸만 가슴이 시려진다. 염전은 죄다 눈물이고 땀이고 울음이다. 그곳에서 시적자아도 전시용 박제가 되어 염전의 고무래처럼 늙어간다.

3. 삶, 그 사유와 상념의 문양

길섶에 돋은 풀꽃이 눕는다. 바람에 눕는 것은 굴종이 아니다. 꺾이지 않으려는 의지와 안간힘의 발현이다. 바람에 풀꽃이 누울 때면 시적자아의 몸도 웅크려진다. 그렇게 시적자아는 작품의 제재와 더불어 존재하며 감정을 공유한다. 잡초는 빈집의 주빈(主賓)이다. 그들은 순식간에 점령군처럼 날아들어 빈집을 지배한다. 그것이 잡초의 위력이고 본질적 특성이다.

잡초는 강인하고 번식력이 왕성하다. 본능적 생존 욕구도 집요하다. 척박한 곳에 뿌리내리고도 극한적 시련을 극복한다. 그악스런 생을 살면서도 결코 굴종하지 않는다. 짓밟고 뽑아내도 어느 결엔가 또다시 천연덕스레 생명을 키워낸다. 잡초는 조그만 실뿌리 하나로도 우주를 점령할만한 괴력을 지녔다. 그게 잡초의 본성이고 위력이다. 그들이 우르르 빈집에 몰려와 다투고 싸우며 또 다른 잡초를 길러낸다. 생존에 치열히 명운을 걸면서도 결코 서로 화해하거나 타협하지 않는다. 그것이 잡초가 지닌 불변의 속성이다. 잡초는 결코 죽지 않는다.

> 옛집은 섬 그늘처럼 외롭습니다
> 추락한 공허가 또 하나의 조밀한 아픔이 되고
> 날개 없는 고요는 부식(腐蝕)된 추억만 긁어모읍니다
> 온몸으로 한껏 세상을 밀고 가던 둥지
> 무리 지어 술렁이는 잡초 사이로
> 초점 잃은 햇살 한 가닥 마당을 기웃대고
> 이따금씩, 매운바람에 우편물 고지서만 흩날립니다.
>
> —「옛집」 일부

잡초는 결코 죽지 않는다. 질긴 생명력과 강인한 생존력을 지닌 식물이다. 잡초도 엄연한 생명체이기에 그들의 생존도 존중되어야 한다. 시적자아는 빈집에서 야기되는 슬프고 아린 상실과 허무 의식을 지닌다. 잡초의 질긴 생존 욕구를 찬탄과 감성의 시선으로 응시하며 이를 작품의 주요 모티브(Motive)로 설정하고 있다. 작품「이파리」는 다양하고 다채로이 한 생을 살아가는 생명의 주체를 작품으로 그리고 있다. 이파리가 움으로 돋아나고 나뭇가지에서 무성하게 우거졌다가 낙엽이 되는 전 과정을 다양한 시선과 의식으로 구현한다. 이파리는 결국 회자정리(會者定離)의 실체로서 떠남과 만남의 생을 윤회(輪廻)하는 주체로 그려지고 있다. 지상의 모든 존재는 소멸과 죽음에 이르는 도정(道程)을 살고 있다. 그러기에 이들 존재는 유한적인

생에서 자유와 초월을 소망한다.

작품 「허수아비」에서 주체는 허구를 결집한 실체적 존재로 구상화된다. 이는 '인위적이고 의도적으로 설정된 가식이고 속임수의 실증'으로 존재한다. 시적자아는 허수아비를 통해 자신도 허수아비가 되어가는 자화상을 발견한다. 그것은 참으로 무망하고 착잡한 심회로 자아정서를 지배한다. 「개」는 영물이다. 시적자아는 현재 시제에 있어 개와 인간의 상관관계를 적시하고 전도된 가치를 희화화(戱畵化)하여 작품에 수용한다. 이에는 개의 순박성과 인간의 야만성이 적나라(赤裸裸)하게 대비되어 실체적 진실의 밑그림으로 자리한다. 작품 「붕어빵」은 실제적 체험을 바탕으로 한겨울 눈 내리는 정황과 붕어빵에 따른 단상을 떠올리며 이에 관한 에피소드(Episode)를 작품에 도입하고 있다. 붕어빵을 매개로 하여 하강의 역설적인 의미와 추억의 환기가 설원을 배경으로 한 편의 수묵화처럼 그윽이 그려지고 있다.

4. 비움과 채움, 그리고 여운

가을 길을 걷는다. 길은 연결체이다. 길은 사람들의 발걸음에 의해 진화하고 그로 인해 생명을 얻는다. 길은 연결과 단절의 양면적 특성을 지닌다. 길은 분열한 것들의 집합체이면서 존재가 나뉘는 분열체이기도 하다. 만남의 환희와 이별의 아픔이 모두 그런 길 위에서 생성된다. 그러기에 길은 항상 애틋하고 그리운 정서를 유발한다.

산자락 끝에서 골 깊은 계곡이 폭포수처럼 급경사면으로 미끄러져 내린다. 길 하나가 산비탈을 옆구리에 끼고 뒤뚱거리며 골 깊은 계곡의 물소리를 따라간다. 비탈길은 자만하거나 독단적이지 않다. 주위의 새소리와 풀벌레 소리를 동행하여 같은 보폭으로 걸어간다. 길섶에서 코스모스가 바람결에 한들거리며 청초한 꽃술을 흔들어 댄다. 꽃잎에 내려앉는 벌의 날갯짓이 교향악 한 소절을 연주하여 길섶에 풀어놓는다. 음률이 제법 장중하다.

만난 사람 보내고 보낸 사람 만나며
결빙된 시간 깨워 예까지 달려왔는데
저 길은 어디쯤에 구절초가 피었을까
저 길은 어디쯤에 달그림자가 고였을까
풀 향 질펀이는 외진 길섶
주머니 속 기어든 풀벌레울음 꺼내놓자
길 잃은 북극성 무심히 떠돌고
은하 물결 길 따라 흐르는데.

—「가을 길」 일부

문학작품을 창작하는 것은 길을 걷는 것과 같다. 곧게 뻗은 고속도로를 쾌속으로 질주하는 순탄한 행위가 아니라 거칠고 할퀴어 요철(凹凸) 심한 길, 군데군데 패여 있는 길을 조심조심 더듬어 가는데 묘미가 있다. 작품을 구현하기 위해서는 작가가 지닌 혼과 정신이 고도로 밀집된 예술의 경지를 탐색하게 된다. 글쓰기는 내면세계의 사유가 농축되어 알갱이로 정립되는 일이다. 절제의 균형과 여백의 미학이 핵심 바탕을 형성하며 여운 짙은 잔상(殘像)으로 스케치 되어 그려진다. 삶의 미로를 헤매며 미지의 세계를 탐험하고 숲속을 헤매다가 두근거림으로 낯선 세계를 만나는 정황이 작품의 핵심부를 형성하게 된다. 세상을 정밀히 응시하고 이를 감각적으로 상징화한 시어를 통하여 작품으로 구현하는 일련의 과정은 작품창조의 바로미터(Barometer)로 작용한다.

인생살이에서 길은 길을 낳고 길로 이어진다. 우리는 길 위에서 삶을 생성하고 대외적 인간관계를 형성한다. 길이 있음으로써 인간의 삶은 더욱 다양하고 다채로운 풍요를 구가한다. 나는 메마르고 각박한 현실 속에서 순연한 자연의 세계를 동경한다. 자연의 혜택 중 '빛, 공기, 물'은 인간 생명의 원형적 상징이다. 길은 미래를 향한 진행의 역정(歷程)과 회고의 성찰적 기능을 수행한다. 길의 긍정적 역할은 '이어짐'에 있다. 길은 어제와 오늘, 오늘과 내일을 잇는 교량이다. 「달」은 빛이 발자국에 고여 설화처럼 하얗게 피어난다. 달은 밤을 관류하는 온유한 빛살이다. 초승달은 청순하고 정결한 꿈을 지닌다. 천진무구한 철부지 소녀가 난생처럼 거울 앞에 앉아 눈썹을 그리는 형상이다. 보름달은 농염한 술집 작부의 풍만한 둔부(臀部)를 연상시킨다. 그믐달은 술자리에서 산전수전 다 겪고 뒷방으로 물러난 퇴물기 여인의 회한이 느껴진다. 달은 차면 기울고, 기울면 다시 차오르는데, 이는 우리네 인생살이를 연상시킨다.

「등대」는 문명의 이타적 구조물이다. 등대는 바다를 지키는 숙명적인 파수꾼이다. 길을 잃거나 길을 찾으려는 생명체에게 희망의 나침반이다. 등대는 물안개 자욱한 길에서도 명확히 목적지를 향한 좌표를 제시해 준다. 시적자아는 이제 누군가의 앞길을 밝혀주는 등대가 되기를 소망한다. 「문」은 개방과 차단을 목적으로 설치된다. 문이 열리고 닫히며 인간의 역사는 창출된다. 우리는 문을 여닫으며 삶의 연결 띠를 이어간다. 문은 선(線)이다. 「둥지」는 어머니의 품이다. 둥지는 안락하고 편안하며 아늑하고 고요하다. 둥지는 무시로 찾아드는 생명체를 안아서 따뜻이 품어준다. 둥지는 결코 찾아드는 생명체를 가려 차별하지 않는다. 연말, 이제 시적자아는 포근히 쉴 안락한 둥지를 꿈꾼다.

5. 실존과 성찰, 그리고 무상

시는 심오하고 오묘하다. 이는 고뇌와 번민의 다른 이름이기도 하다. 시인은 광활한 인생의 지평에서 삶의 패러독스(Paradox)를 진솔한 의식과 질박한 언어를 통해 압축적으로 구현하며, 이 과정을 통해 독창적인 자기 정체성을 확보해간다. 시인 특유의 독특한 심상(心象)과 오감 작용에 의한 감각을 통해 내면에 저장된 상상력을 기획하고 관리하며 작품세계를 창조해간다. 발레리(Valery)는 '시의 첫 행은 신의 선물이고, 그 나머지는 시인이 찾아서 써야 한다.'고 강조하였다. 시의 첫 행은 영감(靈感)이 낳는 신의 선물이다.

이제 지난날 둘이서 수많은 색깔과 형상으로 수놓았던 화판과 그 화판의 아름다운 이야기를 회수할 시간이다. 가슴에서 감미롭게 생동적으로 출렁이던 회한과 추억도 모두 거두어야 할 시간이다. 지난날의 수많은 사연들을 쓸어가는 겨울 바다의 울음소리가 드높아지자 우리 가슴도 드높은 파도 등성이로 떠밀려가며 출렁대기 시작했다. 점차 동적으로 변화하며 경련을 반복하는 여인의 어깨에 무리 지어 희끄무레한 달무리가 내려앉았다. 어둠의 점액이 연신 여인의 깊은 볼우물에서 출렁이는 슬픔을 퍼내고 있었다.

뭉클한 첫사랑의 사연 한 아름 안고
허공을 되작이는 청순한 꽃잎
적요(寂寥)의 빛깔로 음각된 판화처럼
은빛 날개 퍼덕이며
설레는 눈망울로 밤을 달려온
목마른 영혼의 춤사위

길 따라간 발자국에 고인
상서로운 옛사랑의 이야기
점점이 하얀 깃발로 나부끼며
짓무른 연정의 창가에서
탈피 끝낸 바람의 선홍빛 속삭임
그대 사랑하노라고
그대 사랑하노라고.

—「첫눈」 일부

눈은 숭고하고 장엄하며 순결하다. 티 없는 순백의 대지, 그것은 가히 혁명적 세계이다. 작가는 작품 「첫눈」에서 개인적 체험을 통하여 체감한 아버지 이야기, 여인의 이야기로 글의 중심축을 끌어간다. 첫 화소(話素)는 눈가래로 대변되는 아버지의 자식에 대한 무한한 사랑과 헌신이 적시되어 가슴을 뭉클하게 한다. 둘째 화소는 새벽녘부터 밤까지 이어지는 시간적 배경을 바탕으로 하여 여인과 헤어지는 이별 여행을 형상화한 글이다. 이에는 이별의 정한이 짙게 정서적 밑바탕을 이루고 있다. 「장터」는 작가의 회억에 선연히 잔존하는 옛날 장터에 대한 회상과 그리운 영상이 수채화처럼 채색되어 그려진 작품이다. 장터에는 덤과 에누리의 생활 미학이 있다. 이곳에선 친절을 작위적으로 포장하여 판매하지 않는다. 장터는 수수하고 담백하다. 장터는 피어나기도 하고 풀어지는 곳이기도 하다. 그것이 시적 자아가 장터에서 편안해지는 연유이다. 「풍경」은 봄을 맞이하여 다랑이 밭을 일구는 노부부 이야기와 어부들이 멸치잡이 그물을 터는 진기한 장면이 주조를 이루며 이야기의 본류를 형성한다. 봄은 소생의 계절이다. 소생의 계절을 맞이하여 쟁기질하는 노부부의 따듯하고 포근한 부부애가 긴 여운을 지닌 파장으로 번진다. 뒷글에는 멸치의 한 생과 삶의 행태, 주검과 삶의 진솔한 정경이 직핍(直逼) 되어 있다. 「풍물놀이」는 청명절을 맞아 노인들을 위무하는 풍물패의 놀이마당을 사실적으로 그리고 있다. 풍물패와 노인들의 어우러짐, 가락의 화음이 입체화되어 판을 엮는 모습이 풍물 상식과 더불어 실감 있게 느껴진다. 「연꽃」은 완상하는 이들을 선의 경지에 들게 한다. 연꽃은 눈으로 들여 마음으로 피워내는 꽃이다. 오랜 인고의 세월을 다독여 생성해 온 자연의 산물이기도 하고, 세속에 물든 중생의 마음을 정화하는 불심의 창조물이기도 하다. 연꽃은 고결한 품격과 빼어난 자태가 아름다운 꽃이다. 겸허하면서도 소박한 서민적 품성을 지니고 있기에 다가서기에 편안하고 완상하기에 부담스럽지 않은 꽃이다. 연꽃은 불심(佛心)을 담은 중생의 꽃이다.

6. 진동의 숨결, 그리고 전율

세상엔 피 토하듯 절규하는 소리들이 있다. 가을날 길섶의 풀벌레 울음소리와 깊은 산속 소쩍새 울음소리가 그렇다. 한여름 매미의 그악스런 울음소리와 인내의 저점에서 끝내 분출하고야 마는 내 영혼의 마른 울음소리가 그렇다. 모두가 대금 소리를 닮고자 했으나 그렇지 못한 소리들의 절규이다. 그러기에 그 소리들은 몹시도 애절하고 격동적이다.

우리는 세상에 태어나 한 번쯤 매미로 살아야 한다. 짧은 생애 혼을 태워 극렬히 노래하는 매미처럼 살아야 한다. 존재하기 위해 극한적 상황을 극복하고 단 한 번의 격렬한 사랑을 위해 목숨을 사르는 매미가 되어야 한다. 뜨거운 사랑의 끝자락에서 자신의 모든 것을 살라 스스로 한 점 불꽃이 되는 매미처럼 살아야 한다. 그것이 이 세상을 향해 단말마(斷末魔)처럼 부르짖는 매미 울음의 존재 이유이다. 그것이 이기적이며 타산적인 인간을 향해 외쳐대는 매미 울음의 핵심적 가치이다. 우리는 때때로 늦여름 매미처럼 절박해야 한다. 절박해야 비로소 절실해지고, 절실해야 비로소 전부가 된다.

시간의 잎맥 진초록으로 영근 풀숲
부드러운 바람 한 올씩 나뭇가지에 묶이고
풀무치 슬픔 동이 나서
울음소리 접은 어스름, 매미는
후박나무에 걸린 어둠의 덜미 부여잡고
외짝 더듬이 세워 벽력같이 화염 터뜨린다

어둑한 땅속 헤치고 나와
반짝 사는 한 생의 막바지
초록의 음결 직조하여
소나기처럼 쏟아내는 혼의 탄주(彈奏)

—「늦여름 매미」 일부

세상사에 사이[間]로부터 자유로운 존재는 없다. 사람이 사람다운 것도 사람 사이에 존재하기 때문이다. 소용돌이치는 험난한 인생의 바다를 항해하며 사람들은 사람에 의해서 새로이 생명을 얻기도 하고 사람에 의해서 소중한 생명을 잃기도 한다. 사람은 사람 사이에 꼭 끼어 살아간다. 그러나 정작 그 사이에서 호흡하는 '나'의 진솔한 실체를 만나는 것은 그리 쉬운 일이 아니다. 나는 세상의 변질되고 편집된 위선과 가식적 환경에 둘러싸여 진정한 나를 찾기 위한 탐색으로 생의 둔덕을 살아간다. 우리는 항상 시간과 공간, 인간이라는 삼자의 유기적 관계 속에서 상보적(相補的) 존재로 삶을 영위하고 있다. 그렇게 밀접한 상호 관계 속에서 원초적이고 인위적인 요인에 의해 관계가 소원해지면 존재는 근원에 대한 욕구 결핍으로 인해 상처를 받는다.

작품 「매미」는 짝을 찾아 극렬히 혼을 사르는 매미 울음을 형상화한 글이다. 오랜 날 자하에서 나무뿌리의 수액을 빨아먹다 지상에 올라와 성충으로 반짝 사는 한 생의 막바지, 매미는 조급하다. 가을이 오기 전에 서둘러 짝을 찾아야 한다. 절반에 불과한, 그 기막힌 확률 싸움을 이겨내야 한다. 이 글은 매미처럼 절박하게 혼신으로 숨을 태워 살아가야 하는 시적자아의 삶에 대한 강박성이 서정적 정서에 의해 강화되고 있다. 「코스모스」는 청초한 가을날 한들거리는 코스모스 모습에서 청순한 소녀상을 연상하고 이를 작품으로 구현한 글이다. 코스모스의 이미지와 연계하여 어릴 적 소녀와의 감미롭고 순박한 미완의 사랑 이야기가 결 고은 음률로 노래되어지고 있다. 코스모스는 수줍음을 타는 소녀상을 닮은 꽃이다. 「대나무」는 소박하고 정결한 식물이다. 부러지면 부러지지 휘어지지 않으니 강직하고 지조 높은 선비의 기상이요, 속 비우고 겉을 단단히 다졌으니 세속에 초탈한 무욕의 선각자 모습이다. 대꽃은 무려 백 년 만에 한 번 일제히 꽃을 피우고 생을 마감한다. 대꽃은 절정의 환호를 위해 기다림이 성숙되어 결실한 꽃이다. 전력을 다해 살아가다 명징하게 지나온 날을 정리하고 새로운 삶을 도모하는 대나무의 결단과 용기가 가상하다. 대나무는 윤회의 실체이다.

「술」은 일상생활에서 관습처럼 동반되는 기호식품에 대한 단상을 명문화한 글이다. 우리는 이런저런 이유로 저마다 술에 대한 개인적 사연을 지니고 있다. 술은 이를 음용하는 사람에 따라 '백약지장(百藥之長)'이 되기도 하고 '광약(狂藥)'이 되기도 한다. 음주 자리에서는 상호 간에 주례(酒禮)를 준수하고 주도(酒道)를 지켜서 술이 일상생활에 긍정적인 의미로 활용되도록 노력할 일이다. 술은 의지와 화합과 결단의 주된 주체이다.

7. 최병영이 지닌 문학적 관견(管見)

나는 문학의 형상화 과정에서 퇴고(推敲)의 가치를 가장 강조한다. 문학은 퇴고의 붓끝에서 향기롭게 피어나 예술로 승화된다. 문학은 형이상학적인 고밀도의 정신 예술이고 치열한 퇴고의 예술이다. 퇴고는 문학의 최후 보루(堡壘)이자 완성을 구축해가는 문턱이다. 문학은 퇴고의 물결 속에서 단련된다. 도도히 흐르는 물결과 함께 한 몸으로 떠내려가며 부딪치고 깎이고 뒤집히고 소용돌이쳐서야 비로소 글은 제대로 된 면모를 갖추게 된다. 혹독한 시련을 겪은 꽃은 쉬 지지 않고 오래도록 향기를 유지한다. 그러기에 퇴고는 철저하고 완벽하며 절대적으로 실행되어야 한다. 찰진 흙으로 잘 빚은 다기(茶器)가 은은한 향을 풍기듯 치열한 퇴고를 거친 글에서만 그윽한 차향을 음미할 수 있다. 글은 퇴고로 인해 생명을 얻고 퇴고로 인해 생명을 잃는다. 그것이 퇴고의 본질이다.

나는 시 창작에 있어 세 가지를 강조하고 두 가지를 금기시한다. 강조하는 세 가지는 함축과 은유와 상징이다. 시는 너절하면 안 된다. 시는 숨은그림찾기나 보물찾기와도 같다. 시인은 말을 아껴야 한다. 말을 아낄수록 독자와 공유하는 여백의 공간이 넓어진다. 이를 위하여 함축은 필연적인 요소이다. 은유는 수사법의 대표적인 기법이다. 은유 중에서도 암유(暗喩) 수사는 시에서 가장 많이 활용되는 고차적 수사 기교이다. 시에서 메타포는 아무리 강조해도 넘치지 않는다. 상징은 추상적인 사실이나 느낌, 생각 등을 대표성을 지닌 기호나 구체적인 사물로 표현하는 시적 표현기법이다. 상징은 참신성이 가장 중요한 의미를 갖는다.

시에 있어서 금기시해야 하는 요소는 2설(二說)이다. 그 첫째가 설명이다. 시는 설명이 아니라 묘사로 그려진다. 시에서 설명을 하면 그것은 시가 아니라 수필의 영역으로 환치된다. 둘째로는 설득이다. 시는 독자를 설득의 대상으로 여겨서는 안 된다. 시인은 그냥 시의 실체를 독자에게 툭 던져주는 것으로 만족해야 한다. 그에 대한 판단은 오로지 독자의 몫이다. 시에서 설득을 구사하면 그는 시인이 아니라 종교인이다. 이와 더불어 시적 중요 요소로서 필연적인 상상력과 이미지, 시적 운율도 매우 중요한 강조사항으로 인식된다.

수필은 일상생활이나 자연의 느낌과 발견을 자연스럽게 표출하는 글이다. 이는 관조의 문학이고 삶과 사물을 통찰하는 글이다. 수필은 마음의 산책이고 독백의 문학으로 자아성찰을 통해 삶의 의미와 가치를 창출하는 문학이다. 수필은 들국화나 연꽃과 같이 피어나는 글이다. 결코 화려하거나 사치스럽지 않고, 소담한 꽃봉오리에서 풍기는 은은한 꽃내음이 향기로운 글이다. 나는 수필 쓰기에 있어 글이 신변잡기에 매몰되지 않도록 주의하고 경계한다. 글의 소재로는 전통적인 것과 인간 삶에서 소외되고 단절되거나 사라져가는 것들에 대한 애정과 정서를 휴머니즘(Humanism)으로 담아내고자 하는 의식이 주조를 이룬다. 나의 글에는 주로 '바람과 빛과 물'이 주요 화소를 이루며 자연물로 등장한다.

그러나 지금까지 창작한 시와 수필 중에 만족스러운 문학적 작품은 없다. 작품을 두드리고 빚어서 구워내는 소양과 역량의 한계 때문이리라. 이 작품집에 빼곡히 담기는 필설들도 결국은 그럴 것이다. 그래서 또 한 번 부끄럽다.

문학세계대표작가선 930

바람처럼 풀꽃처럼

최병영 시 · 수필집

인쇄 1판 1쇄 2020년 9월 25일
발행 1판 1쇄 2020년 10월 1일

지 은 이 : 최병영
펴 낸 이 : 김천우
펴 낸 곳 : 도서출판 천우
등 록 : 1992. 2. 15. 제1-1307호
주 소 : 서울시 성동구 무학봉28길 6 금용빌딩 2F
전 화 : 02)2298-7661
팩 스 : 02)2298-7665
http://moonhak.wla.or.kr
E-mail : chunwo@hanmail.net

값 12,000원

ISBN 978-89-7954-817-4

이 도서의 국립중앙도서관 출판예정도서목록(CIP)은 서지정보유통지원시스템 홈페이지(http://seoji.nl.go.kr)와 국가자료공동목록시스템(http://www.nl.go.kr/kolisnet)에서 이용하실 수 있습니다. (CIP제어번호: CIP2020039191)